個人の強み・能力を引き出すための自己分析術

～国や企業に依存しない3つの収入源を持て!～

川村 春彦

まえがき

本書とご縁をいただきありがとうございます。
筆者は、自己分析術を開発して以来、10年以上、本サービス『個人の強み・能力を引き出すための自己分析術』を提供してきました。

2011年に『個人の強み・能力を引き出すための自己分析術』（以下、自己分析術）を開発してから、10年以上が経過しました。開発当時の日本では、東日本大震災という目に見えるダメージを受け、衝撃が走ったときでした。

「震災でダメージを受けた生活や人生をどう立て直すか」というクライアントの必要性から開発したメソッドでしたが、VUCAの時代、また世界のあらゆるシステムの見直しが迫られているグレートリセットの時代の今こそ、さらに必要とされるメソッドだと考えています。

自己分析術のアプローチは、「希望を与え、自信を持たせ、自立させる」ことです。自分の強みを知り、将来に希望を持ち、自信をもって自立でする。そして、「なりたい自分になる」ためのあなたの人生設計図を確立するためのものです。

自己分析術において、教材は一切ありません。そして、事前準備も不要です。自己分析術独自の質問に答えていくだけです。

そして自己分析術には、成果物が明確に存在します。自己分析術の分析結果レポートとして、世界でたった一つのオリジナルレポートです。

受講／実施期間は、３時間程度のヒアリングとフィードバックです。オリジナルレポートは、後日送付となります。

このフィードバックとレポートに秘密があります。読み進めていただくと理解できると思いますが、継続的効果が期待できるものです。自分のミッションから紐づく『やめない理由』が自分自身に刷り込まれます。

もちろん、リピート受講は不要です。定期的に自己分析術の分析結果レポートを見直すことで、自分の成長に応じた新しい気づきがあります。

これまで多くの方に実施してきた「個人の強み・能力を引き出すための自己分析術」を書籍にしてほしいとの要望を数多くいただき、そのエッセンスをまとめたものが本書となります。そのため『これからの変化の著しい時代に、精神的、経済的、健康的な安定・安心な状態で、一人でも多くに方に前向きに過ごしてほしい』。そのような思いで書籍化させていただきました。まずは本編に入る前に、3点ほどお話しさせてください。

1．幸せになることと成功することは違う（幸せと成功は別物）

「成功すれば幸せになれる」、「成功者になれば幸せになれる」このように思い込んでいる人はたくさんいます。

しかし、本当でしょうか？

「幸せ」かどうかはあなたが感じるものであり、あなたが決めることです。一方、自分で、自分のことを「成功」しているとか、「成功者」とは言いません。「成功」や「成功者」という明確な定義のない称号は、結局は、他人の評価だったりします。

つまり、「成功」すれば、「成功者」になれば、「幸せ」になれるというのは、全くの嘘です。「幸せ」になることと、「成功すること」「成功者になること」は別のことなのです。（図．自己分析術の基本的な考え方）

成功の定義は人それぞれでありますが、最終的には、あなたが思う成功とは、「なりたい自分」になっていることではないでしょうか。つまり、他人の理想通りになるのではないということです。

どんな仕事をし、どんな実績を残し、どんな経験をし、どんなモノを所有し、どんな人たちと一緒にいたいのか？１００人いれば１００通りの「なりたい自分」があります。

本書での「成功」とは、「なりたい自分」になると定義

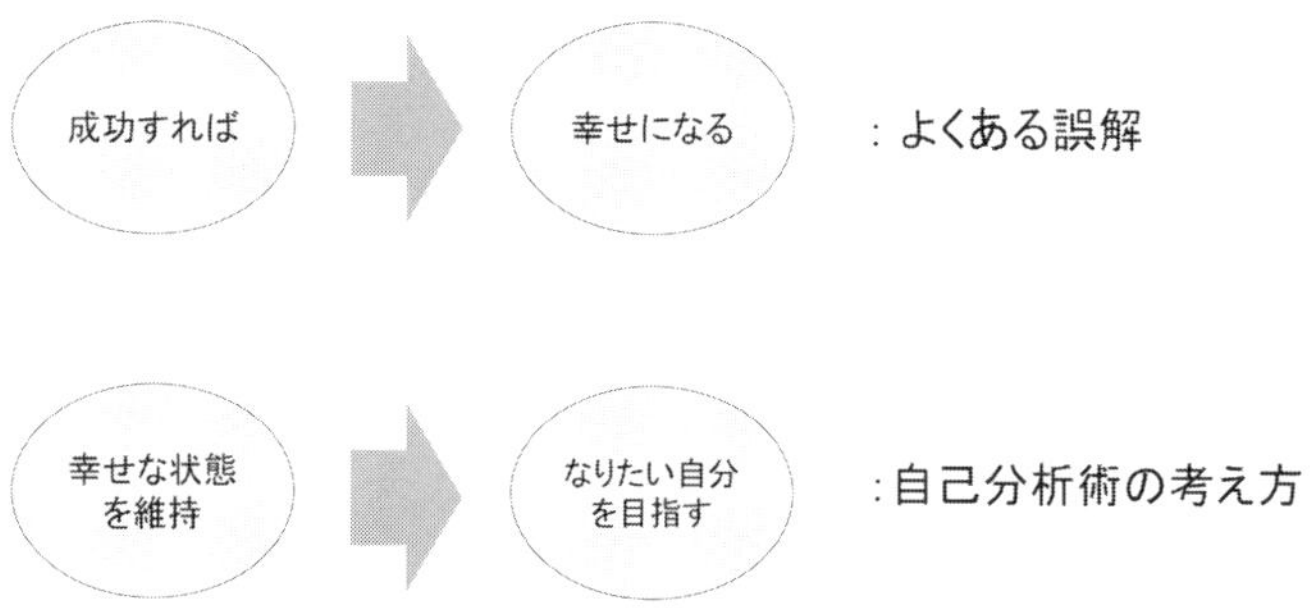

図．自己分析術の基本的な考え方

します。

「幸せ」になりながら、「なりたい自分」を目指していく。これが自己分析術の本質となります。

2．「幸せ」でありながら、「なりたい自分」を目指すことを望んでいる人が多い

２０１１年に「個人の強み・能力を引き出すための自己術」を開発し、私をよく知る知り合いから徐々に口コミでサービスを提供させていただきました。

受講生は16歳の学生から人生の大先輩である82歳の教育者など幅広い年齢層の方々、あるいは専業主婦、パートタイマ、正社員、個人事業主、経営者のように多彩な立場の方々、さらには多くの従業員を抱え、数多くの事業を行っている経営者の方々や事業を成功させ年収が軽く億を超え世間的には、「成功者」と言われている方まで、さまざまな方がいらっしゃいました。

こうした老若男女問わず数多くの方々に自己分析術を実施し、自己分析術の分析結果レ

ポートを提供させていただきました。

そして、ありがたいことに数多くの感謝の言葉をいただけました。その言葉も多岐わたり、しかも受講者それぞれがいろいろな成果を出し、私もその効果や結果に驚きを隠せませんでした。

私自身この自己分析術を通じて、多くの方々のあり方、考え方、存在意義に触れてきました。そこで、より強く感じることがあります。

たしかにお金は大切です。しかし、お金の稼ぎ方、使い方にはその人の人格、品格が大きく表れます。どのようにお金を稼ぎ、そして、どのようにお金を使っているのか？ここにその人の生き様が現れると私は強く感じています。

私は、本書を通じて、一人でも多くの方に、自分らしくお金を稼ぎ、自分らしくお金を使うことで、豊かな人生を歩んでもらいたいと願っています。

3．自己啓発、成功哲学ビジネスへの問題提議

かねてから私は、従来の自己啓発や成功哲学のビジネスモデルに強い問題意識を持っていました。

これらの一般的なビジネスのアプローチは、「不安を与え、依存させて、リピートを起こす」のがほとんどです。しかもそれらは、他人の成功モデルを体系化したものです。そのようなビジネスモデルでは、教材も一般的で、内容も薄っぺらな資料であることがほとんどです。

また成果物といえば、研修課題／発表などを通じた単なる動機づけにしかなりえないものであったり、品質を確約した成果物はありません。そして、研修の教材は高額な価格設定をするための商材だったりします。

実施／受講期間もいろいろあるものの、数日間・複数回の受講を推奨するもの、宿泊を伴うものが多いと感じます。

また、その多くが高額かつリピートを伴い、投資総額が極めて非常識だと感じるのも、これらのビジネスの特徴です。結局、最も重要なことは、行動するのは他人ではなく、あ

なた自身、ということです。自立した自分しかいないのです。

自己啓発や成功哲学のビジネスモデルの期待効果は、いわば泡のように儚く消えていくモチベーションであり、それを維持するためのリピートを推奨されても、あなたの抱えるあなただけの問題を解決してはくれません。

私は、このような自己啓発や成功哲学のビジネスモデルとは一線画したコンサルティング・メソッドとして、自己分析術をサービスとして提供しています。

本書をきっかけとして、一人でも多くの方が希望と自信を持ち、なりたい自分が明確になり、自立して行動・成長するための気づきになれば幸いです。

本書は2時間程度で読み終わると思います。この2時間が皆さまの明るい未来への一助となることを祈っています。

目　次

第三章　自分軸を認識しよう

第四章　目標設定は3つある

第五章　自分軸と目標設定のつながりを整理しよう

第六章　３つのワークについてさらに考える

第一章　自己分析が求められる背景

～国や企業に依存しない、自分を必要とする時代の到来

世界規模で変化する時代に必要なスキルとは

この本を手に取ってお読みいただいている読者のみなさんは、昔ながらの「いい大学に行って、いい会社に入れば安定・安心な生活が送れる」という価値観には違和感を抱くのではないでしょうか。

もちろん、ここでのいい大学とは偏差値の高いかつ知名度のある大学であり、いい会社とは有名巨大企業のことです。

昭和を支えてきた、高度経済成長を牽引する高性能な労働者の育成を競うような時代には、優秀な学力を有し、従順な人材を重宝する価値観が大半を占めていたことも理解はできます。

しかし、いまはグローバル経済の進展、デジタル技術の発展により、社会や企業での課題が世界規模で変化している時代です。

この世界規模での変化は、企業と個人の関係性の多様化にもつながっています。個人の働き方による選択肢が広がり、雇用されるという価値観は薄れ、起業・独立のハードルも低くなっています。そして、仮に雇用される側であったとしても、ワークスタイルも多様化してきています。

特に、コロナ禍以降、毎日出社するという習慣の必要性すらも見直されているのではないでしょうか。

VUCAの時代（詳細後述）や、グレートリセットの時代（詳細後述）と言われる昨今では、同質性の高いコミュニティより、多様な人材が集うコミュニティを目指す方向になっています。

変化が激しく、多様性に満ち、ともすれば誰もが時代のなかで埋没しがちな時代、そんな時代にはことさら「わたしは何者なのか」を発信できることが必要となります。

もし発信できなければ、あなたは自分の社会的ポジションや役割を見失い、つねに受動的な態度で日々を受け入れるしかなくなるでしょう。そうならないために〝あなたは信念を持ち、時流に合わせて臨機応変に自分の強みを活かして稼ぐことのできる力〟が人生を豊かにするための重要なスキル要件のひとつになることを知るべきなのです。

このようなスキル要件を身につけられれば、あなたは国や企業に依存する必要のない、自由な選択肢を得ることができるのです。

ここで、一つ注意していただきたいことは、「自由」は「好き勝手」ではないということです。

「自由」には、自分の決断に「責任」と「権限」が必ず生じます。自分で判断する権限の下に、その結果に対して責任を負うのです。自分の判断に責任を取れない人、自分の決断に対する結果を他人の責任にしてしまう人に、「自由」はありません。逆に自分の意志で判断し、決断し、行動する人にとってはいい時代になっているのではないでしょうか？　私は本書が、そのような自由になりたい方にとっての道標（みちしるべ）になることを期待しています。

ここで、言葉を説明しておくと、ＶＵＣＡの時代とは、一言でいうなれば、「先行きが不透明で、将来の予測が困難な時代」ということです。

VUCAとは
V：Volatility（変動性）：変動が激しく、
U：Uncertainty（不確実性）：先行きが不確実で、
C：Complexity（複雑性）：いろんな事柄が複雑に絡み合い、
A：Ambiguity（曖昧性）：これをすれば必ず成功するといった過去の成功事例が通用しない曖昧な状況

のことです。次々と想定外の出来事が起こり、今までの常識が通用しなくなり、むしろ非常識になる時代と考えられています。

グレートリセットの時代は、世界経済フォーラムにより提唱されました。その内容は、新型コロナウイルス感染症の流行によって引き起こされた経済的な混乱を背景とした、世界的な経済・社会システムの再構築を意味しています。

つまりグレートリセットとは、いまの社会全体を構成するさまざまなシステムを、いったんリセットすることを示しているのです。

いま、私たちが生活する世界は、さまざまな金融システム、社会経済システムのもとに動いています。そして、現代社会が抱える多くのひずみや問題を解決するために、それまで当たり前であったシステムを白紙に戻し、新しい仕組みを一から作り出すことこそがグレートリセットなのです。

グレートリセットが起こりうる出来事としては、「自然災害」「戦争」「テクノロジーの急速な進歩」「政治的な変化」など、何が起因するのか、あるいはどの組み合わせで起こりうるのか、それは誰も予測することはできません。

また、国民にどのような影響がどの程度あるかは誰も想定することはできません。しかし、大きな変化を伴うことは明らかであり、特に私たち日本人はどの国の人よりも変化への抵抗感が強いことは国民性の特徴の一つでもあります。

グレートリセットの時代には、経済や社会のシステムが大きく変化します。

その時、私たちが最初にやるべきことは、そのような時代を迎えているという事実から目を背けてはいけないということです。

不安や恐怖は、あなたの人生を前向きにしてはくれません。

本書には、そのような不安定な状況を迎えたとしても、あなたに最適な解決方法があることを示しています。安心してください。本書と縁のあったあなたは、乗り越えることができます。

ところで、このような時代（ＶＵＣＡの時代、グレートリセットの時代）を生き抜くために、意識しておくべき3つの要素があります。

それは、「情報センス」「自立した考え方」「市場価値」です。

「情報センス」

いまは、インターネットで情報があふれている時代です。そして、その情報は、誰でも発信することができるため、情報の本質を見抜くセンスが必要となります。

自分にとって必要な情報は何なのか？　その必要な情報はどこにあるのか？　そして、その情報はどのような人が発信し、正しい情報と受け止めていいのか？　この見極めがこの時代にあなたに求められる「情報センス」です。

「自立した考え方」

「ＡＩに人間の仕事が奪われる時代が来る」といった話を聞いたことがある人も多いのではないでしょうか。

オックスフォード大学の調査結果によると、20年以内には日本の労働人口の半数が就いている職業がＡＩやロボットに代替されるとも推計されています。

一方で、ＡＩは万能ではなく、過去のデータがなかったり、人の感性や経験に基づく創造的なアイデアを生みだす仕事については不得意でもあります。また人による意思決定や結果に対する責任を、ＡＩに任せることもできません。

ＡＩとの共存社会がやってくる中で、私たちはＡＩにはできない、未来に対する「自分の存在意義」、「自分なりの独創性」、「自分にしかできない社会貢献」にフォーカスする必要があります。

あなたは何をしたいのか？　どうなりたいのか？　何に情熱を注げるのか？　それはAIには到達できないきわめて精神的な営みであり、答えはあなたの中にしかありえません。

そのあなたの中にある答えもまた、「自由」です。そして、その答えに対し、あなたは、実行するという権限をもっています。そして、責任をもって進むことができるのです。

「市場価値」

市場価値とは、「その人が社会にとってどれだけ重要であるか」を示す指標です。市場でのあなたの価格を決定する基礎となる価値でもあります。

よくある間違いは、「資格・学歴」、「知識・経験」、「技術・スキル」などと同義にすることです。これはまったくの誤解です。そして、この間違いは社会全体ではなく、企業にとっての偏った狭義の指標なのです。

狭義において市場価値とは、「いくら稼げるか」とされます。ただしここでいう市場価値とは、あなたは社会にとってどれだけ重要なのか？　どれだけ社会に貢献しているか？　というより広義の意味となります。

社会に対する「貢献度」とは、社会に対する「あなたの存在意義」とも言い換えることができます。つまり市場価値とは「資格・学歴」、「知識・経験」、「技術・スキル」だけではなく、「いくら稼げるか」という狭義の意味でもなく、社会や未来に対するあなた自身の存在意義であり、それはひいては来たるべき社会でのあなたの大きな収入にもつながるのです。

自己分析術を行う前に

あなたはどうしたいですか？　自問してください。

・これからの時代の変化に対し、自分の立ち位置を他人に決めてもらい、一喜一憂しながら生きていきたいですか？

もし、「ＹＥＳ」ならば、本書はあなたにとって、今はまだ必要ないかもしれません。

・あなたが自分ではどうにもできないような社会的な変化の影響を受けたとしても、自力で生き抜ける力を身につけておきたいですか？

もし、「ＹＥＳ」ならば、本書はあなたにとって、すばらしい道標（みちしるべ）になるかもしれません。

私は、以下の２つの方法でこれからの変化の時代にも幸せを感じ、豊かに生き抜き、あなたがなりたい自分になる方法を示していきます。

1．本書を読み、理解することで、あなたがじっくりと自己分析術を行い、１週間程度をかけて解決する方法を手に入れる。

2．もしくは、私が提供する自己分析術を受講することにより、１日で解決する方法を手に入れる。

どちらの方法を採るかは、あなた次第です。１の手段で十分に理解・納得し、実践できるのではあれば、それでまったく構いません。じっくり取り組んでいただければと思います。逆に自己分析術の成果を客観的に知りたい、さらに短期間で解決したいという方は、

2の方法がおすすめです。

本書は、あなたに次のようなものを提供できると確信しています。

・あなた自身の存在意義を見つけることができます。
・あなたの哲学（あり方・考え方）が整理できます。
・あなたのビジネスで活用できる強みを発見することができます。
・あなたはどんな人なのか？　を端的に説明できるようになります。
・あなたは、幸せな状態を保つための目標が設定できます。
・あなたは、自分のなりたい自分になるために達成すべき目標が設定できます。
・あなたは、自分の市場価値を示すための社会貢献目標が設定できます。
・あなたは苦しい目標ではなく、人生を豊かにするための実現可能でワクワクする目標を設定することができます。
・あなたは、自分の強みを活かしたビジネスを創出することができます。
・あなたは、国や企業に依存しない複数のビジネスを立ち上げるための原点を見つけることができます。

・あなたのビジネスが持続可能な状態にするための成功要因を整理することができます。
・あなたの応援団を見つけるためにすべきことが整理できます。（どの成功者も自分一人で成功した人はいません。必ず応援団がいます）
・あなたが輝くための仕事が明確になります。
・あなたが輝くための仕事に向けてのアプローチが明確になります。
・あなたが、今、どのような仕事に取り組むかが明確になります。

もう少し突っ込んだ話をするならば、戦争、災害などで、今の環境、つまり金融システムや社会経済システムが崩壊したとしても、あなたは何をすべきか？　何ができるのか？　そして、どのように生き抜いていくのか？　を知ることができます。

これらは、すべて自己分析術のフレームワークに沿ったアウトプットです。そのアウトプットを意識しながら読み進めていただくと、より効果的な自己分析が可能になります。

さらに、あなたの理想的な将来に対し、「できない理由」を見つけられなくなります。そうです。やらない、できない理由がなくなってしまうのです。

自己分析術がもたらす成果は、あなたにとっての部分的な分析結果ではなく、あなたの人生にとって全体網羅的な分析結果になります。しかも現時点にのみフォーカスしているのではなく、中長期的な道標となるでしょう。

第一章のまとめ

・VUCAの時代や、グレートリセットの時代では、大きな変化を伴うことは免れることはできない。
・その変化は、自分の力で変えられる次元のものではないため、受け入れる必要がある。
・そのような変化が起きても、幸せを感じ、豊かに生き抜き、なりたい自分になる方法がある。
・方法は、2つある。
①　本書に基づき、自分で自己分析術を実施する。
②　筆者による自己分析術を受講する。
・自己分析術では、仮にすべてを失ったとしても、何をすべきか？　何ができるのか？そして、どのように生き抜いていくのか？　を知ることができる。

第二章　自己分析術とは

自己分析術は自己啓発や成功哲学のような
ビジネスモデルではない（明確な成果物がある）

自分の強みを知れば、将来に希望が持てる

自己分析術は、従来の成功哲学／自己啓発のようなビジネスモデルとは一線を画した〝あり方〟でサービスを提供しています。

まえがきでも述べさせていただきましたが、改めて、自己啓発や成功哲学のビジネスモデルとは一線画したコンサルティング・メソッドとしての自己分析術について解説します。

自己分析術とは、「自分の強みを知り、将来に希望を持ち、自信をもって自立するためのコンサルティング・メソッド」です。そして、自己分析術には、「自己分析術の分析結果レポート」という明確な成果物があります。

その「自己分析術の分析結果レポート」の特徴は、以下のようになります。

・自己分析術は、「希望を与え、自信を持たせ、自立させる」ことを目的としています。あなたの強みを知り、将来に希望を持ち、自信をもって自立できる「なりたい自分になるため」のあなた独自の成功モデルを提示しています。

・自己分析術の成果物は、唯一無二の存在です。それは、１００人いれば１００通り存在する唯一無二の「分析結果レポート」です。
・自己分析術の成果物は、個人の価値観を可視化するツールにもなります。またその価値観に沿った人生の目標すらも可視化されます。活用方法は多岐にわたります。まだ、世の中、まだどこにも存在しない成果物ではないでしょうか。
・自己分析術の分析結果レポートは、常に目につくところにおいておくことを推奨しています。自分の成長や経験とともに常に新しい気づきを得られます。

自己分析術の事例紹介

ちなみに自己分析術を受けたことで、どのような成果が期待できるのでしょうか。代表的な事例をいくつかご紹介しましょう。

・ある若い経営者の方の場合
20代で起業し、経営者としてすでに立派に成功を収めていた方の例です。しかしあまりにも急速に成長したためいくつかのトラブルにも巻き込まれ、「自分は果たして経営者としての適性があるのだろうか？」と悩んでおられました。そこで自己分析術を実施したところ、ご本人の強みとして相手の心境を敏感に感じながら〝人を動かす力〟、仲間を大切にするので〝人が集まる力〟、周りの雰囲気を察知して〝自分をアピールする力〟、〝プロセスを結果に繋げられる力〟などの特徴がはっきりと可視化されました。こうした結果を受けてご本人も自信を取り戻し、また社会とのつながりを意識した経営に再注力し、現在では会社も以前をはるかに超える成長を遂げるにいたりました。

・ある主婦の方の場合

夫が事故死し、子供の世話をしながら親の面倒も見ながら、介護の仕事にも従事しているシングルマザーの方です。本当に頭の下がる方なのですが、自己分析術を実施したところ、ご本人の強みとして〝人を喜ばせるコミュニケーション力〟、〝楽しい環境がつくれる調整力〟、〝介護経験を生かして解決策までコミットできる指導力〟といった特徴を可視化することができました。この結果を受けて、この方は介護の仕事を天職として定めることができ、現在は介護カウンセラーを並行しながら、将来的には介護関係のアドバイザーとして独立をめざしているそうです。

・独立起業をめざしている方の場合

個人として柔道整復師や鍼灸の国家資格を所有し、大手の整体会社に管理職兼インストラクターとして勤務していた方です。「独立したい、でも逡巡もある」という思いがあり、相談を受けました。この方の強みは〝全体視点での観察力〟、〝組織のために動ける視座の高さ〟、〝目標達成までのプロセスの明確なイメージ力〟、〝仲間の成長を自分の喜びに感じられる力〟などでした。こうした本人の強みを活かすために、まずはご本人に健康増進のための地域交流会開催をアドバイスし、セルフブランドの確立と情報発信および収益化をめざしました。そうした経験を活かして、現在は志を同じくする仲間と独立開業を鋭意準備中です。

このように自己分析術は、自分自身を知ることで、将来の収入や生きがいに結びつけようとするメソッドです。その方法は百人百様ではありますが、統一的なルールはあります。その内容について、以降より詳しく述べていきます。

本書の出版に際して、有益な情報を提供するための自己分析術専用サイト（https:www.be-greifen.co.jp/mos）を公開しました。本書と併せてご利用ください。「あとがき」に自己分析術専用の情報提供サイトのＱＲコードを掲載させていただきます。

自己分析術には2つのフレームワークがある

自己分析術には、「自分軸のフレームワーク」と「3つのワークスタイルのフレームワーク」があります。この章では、この2つのフレームワークについて、どのような構成になっているのかを説明します。

「自分軸のフレームワーク」は、自分軸である「ミッション」「理念」「強み」、及び3つの目標設定で構成されます。これらの言葉（「ミッション」「理念」「強み」）は、一般的でよく使われる言葉ですが、明確な定義は存在していません。したがって、本書では次のように定義します。（図．自分軸のフレームワーク〈中心〉）

「ミッション」は、自分の存在意義、果たすべき使命と定義します。

自分の存在意義、果たすべき使命と言われると難しく考えてしまい、「自分探しの旅に出なくては」と身構えてしまう人もいるかもしれません。しかし、あなたはどこかに出かける必要もなければ、時間をかける必要もありません。

その答えは、そもそも「何が（誰が）どうなると、自分は心の底から自然にうれしく感じるのだろうか？」が根底にあるからなのです。

あなたにも経験はないでしょうか？ あなたのちょっとした言葉や行動をきっかけにして、偶然居合わせた方の問題が解決し、いい結果を生み出したことが。そして、そのことがまるで自分事のようにうれしくなったようなことが。あなたのちょっとした言葉や行動をきっかけにして、知り合いの悩みが解決し感謝されたことが。そして、そのことがまるで自分事のようにうれしくなったようなことが。

そのような些細な経験がヒントになることもあるのです。純粋に誰かの役に立ち自分でも驚くほどうれしく感じたようなことに、ミッションが隠れていたりするのです。

「理念」は、自分のあり方、考え方と定義します。自分のあり方、考え方とは、自分の哲学のようなものです。自分の哲学がないと、他人の言葉に流されてしまいがちです。日本では協調性が美学ととらえ、自分の考え方を発しなくなっている人は意外と多いのではないでしょうか？

これは非常に重要なので、自分の哲学をしっかり整理しましょう。お金の稼ぎ方やお金の使い方には、その人の人格や品格がでるものです。何をやるか？　そして、どのようにやるのか？　に大きく影響してくるものです。

あなたが、何を大切にし、何にこだわりを抱いているのか？　そして、それはなぜなのか？　を明確にしておくことが「自分らしさ」には重要になってきます。

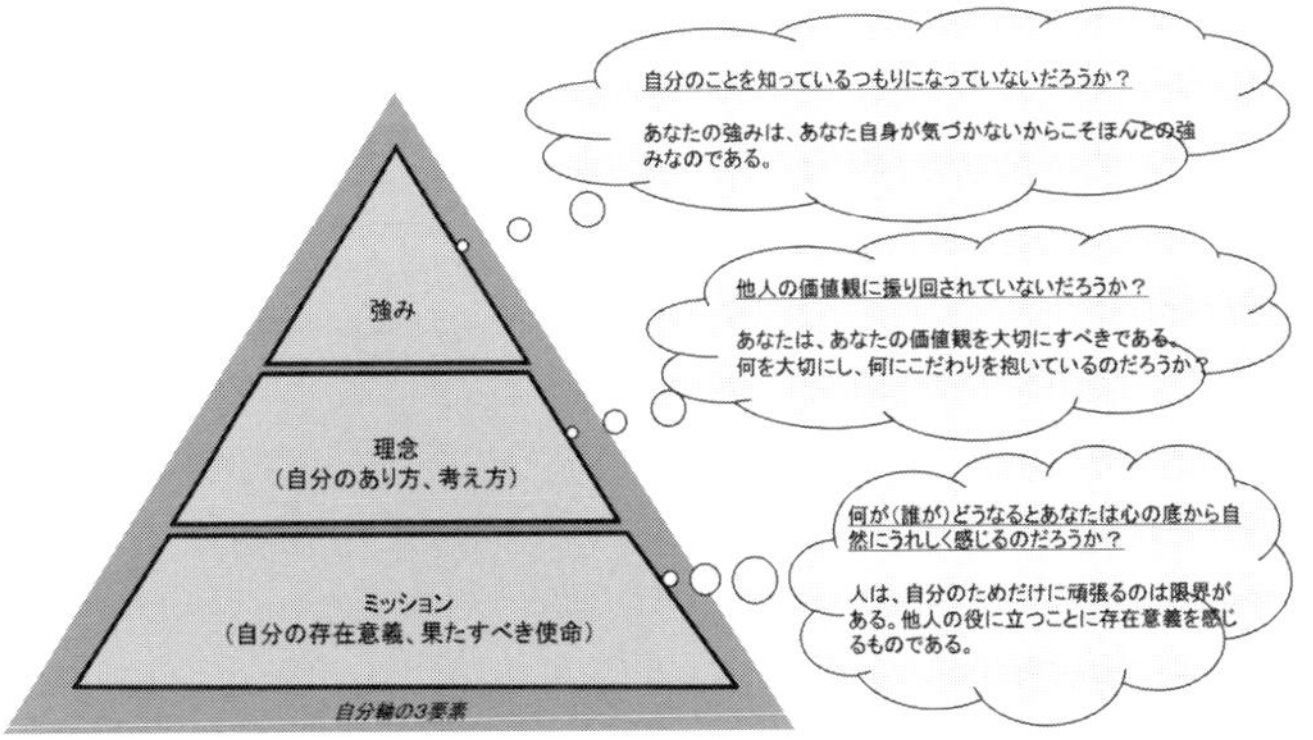

図．自分軸のフレームワーク〈中心〉

「強み」は、文字通りあなたの強みを意味しています。しかし、本書では、もう少し細かく定義しておきたいと思います。

〝ビジネスで活用できるレベル〟かつ〝あなた特有〟の強みと定義することにします。

あなたも一度は、履歴書や経歴書などを作成したことがあるのではないでしょうか？　その際に自分の長所や強みなどをアピールしていたのではないでしょうか？

でも、そこで書いたことは、本当にあなたの強みなのでしょうか？「自分のことは自分が一番わかっている」という人が多いのは現実ですが、果たしてそれは本当なのでしょうか？

私の経験からお伝えすると、なんと受講者全員が自分の強みを理解していませんでした。大袈裟でなく、本当に全員なのです。しかし、よく考えてみてください。自分では普通だと思って気づかないことが、他の人にとっては普通よりはるかにうまくできることこそ、あなたの「強み」なのです。

自分の強みは、自分にはまず分かりません。しかし、他人からはよく見えているのです。そして、あなたの強みを教えてくれます。

もし、あなたが日本人特有のいい人であれば、気づきにくくなっていたりします。日本には「謙遜の美学」があります。他人があなたを褒めてくれた時、あなたはどんな反応をするでしょうか？

「いえいえ、そんなことありません」、「そんなこと、たいしたことないです」と言ったりしていませんか？　そうです。他人が教えてくれてもあなたは、その強みを受け入れていないのです。そして、褒められたことさえ忘れてしまうのです。


イメージしてください。あなたが強みに気づいたとします。その強みを武器として有効に活用できれば、あなたは職場やチームなどあらゆる組織でも自然とポジショニングを行いやすくなるのではないでしょうか。なぜなら、あなたは素手ではなく、自由自在に使いこなせる武器を持っているのですから。

そのことは、自分にものすごく自信が持てると思いませんか。そうなるとあなたが望む結果も引き出しやすくなると思いませんか。

もう賢明な読者の皆さんならお気づきだと思います。今まで履歴書や経歴書に書いたような「協調性がある」「チャレンジ精神がある」などという抽象的なありきたりな強みは、転職、就職活動など面接の場での表面上の会話には有効かもしれませんが、ビジネスの現場では、まったく使い物になっていないですよね。

しかし、もっともっと切れ味の良い、他人が驚くような「強み」を、あなたは持っています。まずはそれを知りましょう。


いかがでしょうか？　自分軸である「ミッション」「理念」「強み」のたったの3つでさえ自分のことを分析できていないと感じる方も多いのではないでしょうか？

まだまだ、入口です。次章では自分軸を整理していきます。続きを楽しみにしてください。

目標設定は、「状態目標」「達成目標」「社会貢献目標」のそれぞれが重要

自己分析術では、目標設定に対する役割を非常に大切にしています。（図：自分軸のフレームワーク〈全体〉）
まえがきでも述べましたが、「成功すれば幸せになれる。」これは嘘です。「幸せな状態を維持しながら、成功に向かって行動していく」が基本的な考え方になります。
その成功とは、結果として他人から評価されるかもしれませんが、本書では「なりたい

自分になる」ための目標設定というのが自己分析術での考え方になります。
まず「幸せな状態を維持しながら」で重要な目標が、「状態目標」です。

「**状態目標**」とは、自分が幸せを感じることができるための状態を維持するための目標と定義することにします。
状態における3つの目標は、「家族・仲間」「精神」「健康」についてです。
家族・仲間：あなたの理想と感じる家族との関係はどのようなものでしょうか？　大切な友達や仲間との距離感はどのようなものでしょうか？
精神：あなたが心穏やかに居ることのできる状態とはどのような状態でしょうか？　私の場合は、いざここぞ！というときに集中し、最大限にパフォーマンスを発揮できるような精神状態でありたいと思います。
健康：あなたが理想として維持したい健康状態とはどのような状態でしょうか？　冷静になって考えてみると健康な人であればあるほど、若ければ若い程軽視しているのではないでしょうか？
健康な状態というのは、当たり前ではありません。健康は失って初めてその「重要性」、

「ありがたみ」に気づくものです。そして、あなたが健康な状況なのか？　持病を持っているのか？　事故や病気で障がいがあるのか？

あなたの健康の状態によって目指すべき健康状態における目標は異なるものです。

もう、お気づきの方も多いかと思いますが、「状態目標」は今すぐにでも取り掛かれますし、維持し続けるべきものとなります。そして、すぐにでもよりよくできる目標です。

しかし、不思議に思いませんか？　企業研修・営業研修などでは、この状態目標についてあまり触れることはありません。事業としての成果を見据えた場合、多くの経営者や部門責任者の本音は、「状態目標」を後回しにしてでも、次にのべる「達成目標」を最優先にしてほしい立場

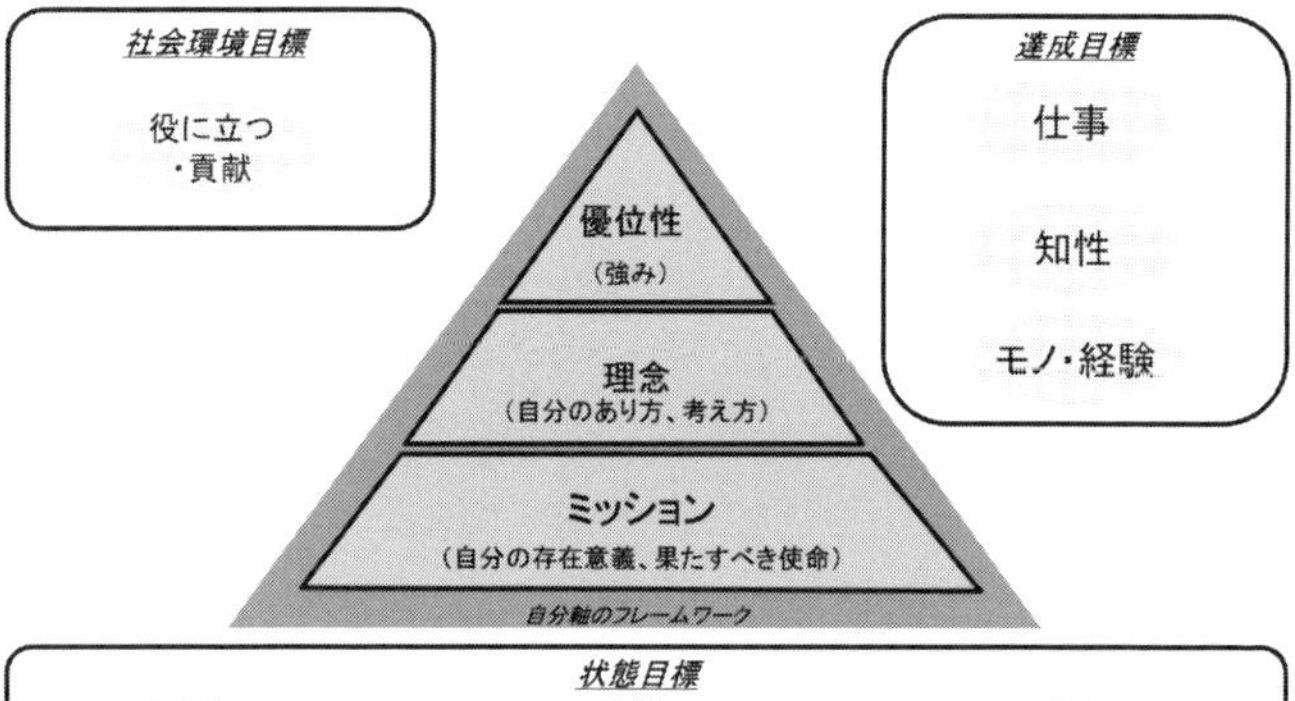
社会環境目標
役に立つ
・貢献
達成目標
仕事
知性
モノ・経験
優位性
（強み）
理念
（自分のあり方、考え方）
ミッション
（自分の存在意義、果たすべき使命）
自分軸のフレームワーク
状態目標
家族・仲間
心・精神
健康

図．自分軸のフレームワーク〈全体〉

の人が目標設定を求めることが多いからなのです。

その理由のひとつは、一昔前には常識でもあった「家庭やプライベートを犠牲にしてでも、仕事に打ち込み数字を出してほしい」と思う人が、あなたに目標設定をさせているからなのです。

「**達成目標**」とは、何かを達成したいもの、得たいもののための目標と定義します。達成における3つの目標は、「仕事」「知性」「モノ・経験」です。この目標設定は、定期的に行っている方も多いかもしれません。きっとあなたにも、なじみのある目標ではないでしょうか？　各々説明していきます。

仕事：経営者、事業主、サラリーマンなどそれぞれの立場で大きく内容が異なるでしょう。そして、本業・副業により重みづけも異なるでしょう。ここでは、現在行っているビジネス、今やろうとしているビジネスの目標を設定することになります。

知性：身につけておきたい知識やスキルです。それも「英会話習得」など漠然としたものではなく、〝来年のフィリピン旅行で会話トラブルなく楽しめること。旅行期間に現地の友人を3名つくること〟など達成条件を意識するとさらに効果的です。

個人的には、TOEIC800点など自分が楽しいと感じられない、むしろプレッシャーであったり、苦しいと感じるような目標設定は避ける方がいいと思います。しかし、あなたを取り巻く今の環境下では、知らず知らずの間に数値目標を義務付けられていることが多いかもしれません。しかし、最終目標は、英語でビジネスができるようになることなのであれば、英語ネイティブの友人を作ること。英語で支障なくコミュニケーションを取れるようになること、などのように小さく区切り、置き換えることで楽しく目指せるかもしれません。

モノ・経験：こちらは自分の欲求をさらけ出す目標です。よく「夢リスト」などという言葉がありますが、この項目に該当するものが多いのではないでしょうか？

赤いフェラーリが欲しい。都内に200坪の戸建てを建てたい。ハワイに別荘が欲しい。豪華客船・飛鳥のスイートルームで世界一周したい。なんでも結構です。

これらの「達成目標」は、具体的に結果をイメージしやすい目標であるため、モチベーションアップには繋がります。しかし、このモチベーションを維持できずに、途中であきらめてしまう方が多いのも現実ではないでしょうか。自己分析術では、これらの目標を達成するためのやめない理由、やり続ける環境を作ることができるようになります。

「**社会貢献目標**」とは、世の中のために貢献し、お役に立つための目標と定義します。お役に立つための目標は、結果として「あなたの応援団」を見つけてくれます。

成功者と言われる方々で、たったひとり、自分だけで成功した人はまず存在しません。必ず成功者には応援してくれる方々がいるのです。

イメージしてください。さきほどの「達成目標」を発信することで、あなたを応援したいと思ってくれる人はどのくらいいるでしょうか？

イメージしてください。「親孝行のために、海外旅行をプレゼントしたい。高級車をプレゼントしたい」とあなたが発信することで、継続的にあなたを応援してくれる人はどのくらいいるでしょうか？

もし私ならば、達成目標を語られても、「がんばって！」という言葉しかかけることができません。そして、その方の応援団になることはありません。なぜならば、親孝行という耳あたりのいい言葉に感心するものの、その「達成目標」は、所詮あなただけの願望に過ぎないからです。（図．３つの目標設定）

しかし、あなたの夢や目標が、あなたやあなたの身内のためだけではなく、社会のためにお役に立つようなことであれば、どうでしょうか？　私ならば、その方の生き様に興味を持ちます。そして、動機が気になります。そして、応援したくなります。

「私にもできることはないですか？」と声をかけてくれる方がでてくることも、イメージができるのではないでしょうか。

だからといって、「未来の子供たちのために！」「地球の環境のために！」とセールストークのように社会貢献目標を語る方もみうけられますが、注意してください。

あなたは生き様に興味を持たれます。そして、動機を確認されます。そして、あなたの言動を観察されます。

あなたが本心からそう思っていない限り、他人からは、嘘を見抜かれてしまうものです。あなたのあり方、考え方が、常にあなたの行動と一致しているのかを観察されるのです。

そうなのです。この目標設定は、あなたの「ミッション」「理念」が根底あるべきものなのです。ですから、自己分析術では、口先だけの社会貢献目標を設定することはできなくなっています。

ここで、あなたには、大きな課題が立ちふさがります。社会貢献をどのように持続させるか？ということです。どんなにいいことをしようと思っても、継続できなければ意味がありません。

現実的な問題として、ボランティア精神だけではなかなか続けることはできないのです。自己分析術ではあなたの社会貢献目標をしっかりと持続可能にし、達成させるようにしていきます。

「自分軸のフレームワーク」は、書き出せばいいという単純作業ではありません。成果物としての品質を確立するための、重要な検証ロジックを有

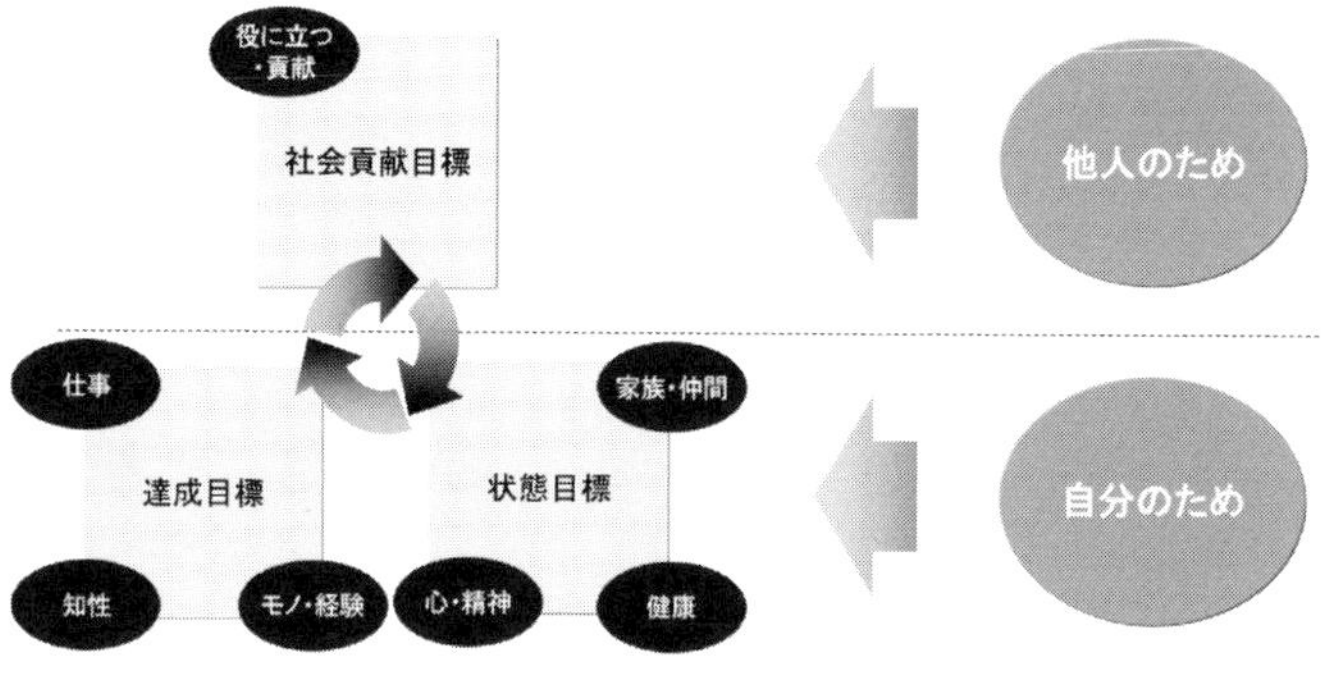

図. 3つの目標設定

しています。

それは、「ミッション」「理念」と「社会貢献目標」との関連、「社会貢献目標」と「達成目標」の関連、そして、最後に「達成目標」と「強み」との関連です。これは、第五章で詳しく説明します。

この検証ロジックは、社会貢献目標をボランティアではなく、あなたの応援団をつくり、達成目標を実現するための重要な検証になります。

3つのワークスタイルのフレームワークは、「ライスワーク」、「ライフワーク」、「ライトワーク」で構成される

「3つのワークスタイルのフレームワーク」は、「ライスワーク」、「ライフワーク」、「ライトワーク」で構成されます。（図：3つのワークスタイルのフレームワーク）
自己分析術では、一般的に言われる「好きなことを仕事にする」という考え方とは異なります。自己分析術では、あなたが「なりたい自分になる」ための階段を上がっていくイメージになるでしょう。そのプロセスは段階的であり並行的であり、個人によってその歩

み方は様々です。そして重要なのは「嗜好」ではなく、「ミッション」、つまり言い換えれば、「情熱」の源が中心にあることです。

「**ライスワーク**」とは、文字通り〝食べるための仕事〟であり、「生活を維持することを目的とした仕事」と定義することにします。

自己分析術を受講したほとんどの方は、このワークに人生の多くの時間を費やしています。あなたもそうかもしれません。

もちろん、今、目の前にある生活をする上で、とても重要なものではあります。

しかし、目の前の生活だけを見続けて、ライスワークだけにフォーカスして、人生を終えるのはどうでしょうか？　寂しくないですか？

今のあなたが将来、「自分はもっとできたはずだ」「もっといろいろやりたいことがあった」と後悔する人生にはしてほしくはありません。

しかし、もしかして、後悔してしまうかも…、と思う方は、本書をきっかけにして、３つのワークスタイルをきっちり整理する機会にしてはいかがでしょうか。

意外と、多くの方は、ライスワークだけを続けることに対して、これが「常識」であり、

「当たり前」と思い込み、疑問すら持たなかったという方が多いようです。

「ライフワーク」とは、〝生涯を通じて取り組むべき仕事〟であり、「人生をかけてする仕事」と定義します。このライフワークを「好きなことを仕事にする」と、間違った理解をする方が多いようです。

ライフワークの原点は、「ミッション」「理念」そして、「社会貢献目標」に大きく影響してきます。

「ライフワーク」は、生涯やり続ける仕事として、はじめは小さく、そして次第に大きく育てていくものでもあります。「なりたい自分」になるために

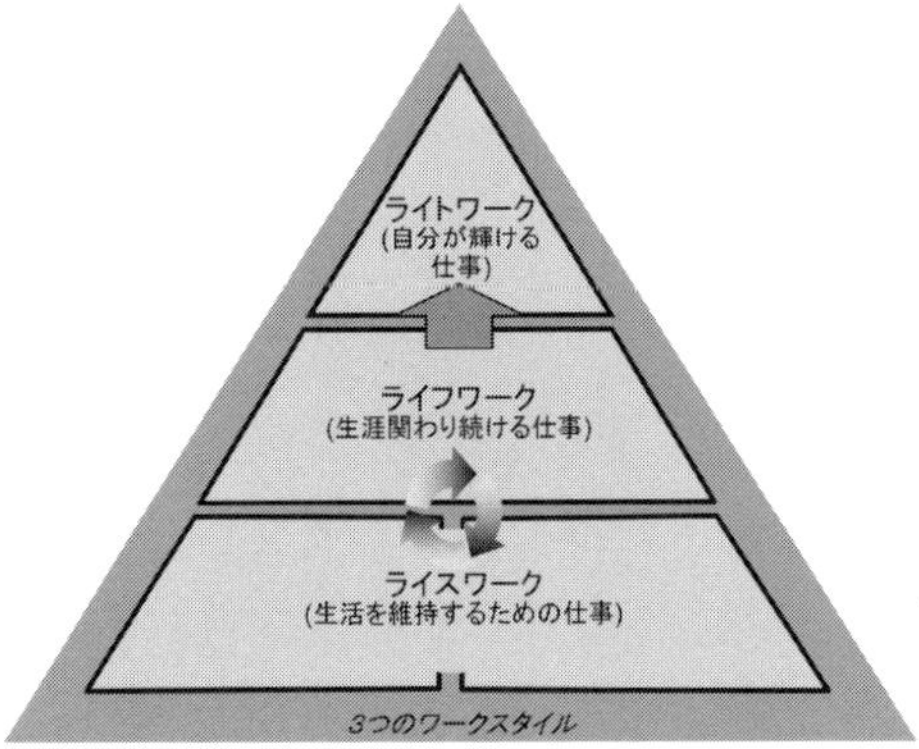

図. 3つのワークスタイルのフレームワーク

必要だけれどもあなたに不足している「人脈」「知識」「経験」「経済力」を補うために、生涯やり続けるためのプロセスであると理解してください。そして、そのためには「新しいライスワーク」も併せて立ち上げることが必要になるかもしれません。

私が20代の1990〜2000年のころとは違い、今は働き方に柔軟性があります。近年では、過度な労働時間は容認されない時代であり、複数の仕事を持つ人も増えています。ここで、注意していただきたいのは、「副業」ではなく「複業」の意識です。取り組む仕事は、どれもあなたに欠かせないものだからです。

そして、その仕事の目的、つまり何を得るのかを明確にしていることが重要になります。どの仕事もあなたの人生にとって、重要なプロセスなのです。

私は、お金の「稼ぎ方」と「使い方」には、人格と品格がにじみ出ると思っています。その人の「稼ぎ方」と「使い方」を見れば、どんな人か判断できるとも思っています。

私はぜひ、あなたの「ミッション」「理念」に忠実に、あなたが情熱を持てる「社会貢献目標」に繋がるライフワークを見つけて取り組むことを応援したいと思っています。

「**ライトワーク**」は、〝自分が輝くための仕事〟であり、「人生の目的となる仕事」と定義します。

このライトワークは、イメージしにくい方が多いかもしれません。

多くの方は、ライフワークまではイメージできても、ライトワークまではイメージできないようです。なので、イメージできないライトワークの計画は立てられるわけがありません。しかし、自己分析術ではここまで突っ込んでいきます。

世の中で言われている成功者の多くは、実はライトワークまでの途上にあります。たとえ地位や名誉や物欲に満足していても、決して真の意味で自分のミッションや理念を果たしているわけでありません。そして、社会に対する貢献もお座なりです。

あなたの晩年を想像してみてください。どのような人たちに囲まれ、どのような役割を担っているのか？　そしてなぜ、あなたは必要とされているのか？

これもまた、あなたの「ミッション」「理念」に忠実に、現時点で設定する「社会貢献目標」の延長線上にあり、あなたの「強み」を最大限に活かしたものがあなたの「ライトワーク」そのものです。ぜひ、どのようなライトワークになるのか？　楽しみに自己分析術をやってみてください。

自己分析術は、個人向け、経営者向けにいろいろな活用法がある

受講された方の中から、自己分析術の分析結果レポート活用法（一部）をご紹介します。自己分析術の分析結果レポートは、受講時点までのあなたを分析したものです。そして、あなたの中にある〝点〟と〝点〟でつなぎ合わせて〝線〟にし、将来に向けて〝面〟にしたものになります。その結果、あなたがなりたい自分になるにあたって、今までのように「できない理由を見つけることができない」、「違っていると感じる箇所を見つけることができない」ということが起こります。

一方で、あなたが受け取ったレポートを読んだ瞬間に、頭では理解できるものの自分の中で腑に落ちるところまで行きつく人は意外と少ないのです。

しかし、個人差はあるものの3か月、6か月くらいで自分の中で消化され、迷いがなくなり、自己分析術の結果が腑に落ちた時から、受講生は自信をもって過ごせるようになっているようです。

そして数年間、いろいろ経験を積んだり、状況が変化したタイミングでこのレポートを

見直すと、さらに新しい気づきがあり、その時の課題にどのように向き合えばいいのか、新鮮な気づきを得られるようです。このように受講生の成長に合わせて、新しい発見ができるという喜びの報告を筆者は受けることも多いのです。

自己分析術の分析結果レポートを効果的に活用している方々の共通点を挙げておきます。

1. 自己分析術の分析結果レポートを常に目に付くところに置く

ぜひ、あなたのライフスタイルに合わせて、目につきやすい場所においてください。特に、レポートの「自分軸のフレームワーク」をピックアップしてください。

「自分軸のフレームワーク」には、あなたの自分軸である「ミッション」「理念」「強み」が整理され、3つの目標設定である「状態目標」「達成目標」「社会貢献目標」が明記されています。

そして、その目標に向けた「いますぐにできること・やるべきこと」を記載します。

人により目に付く場所はそれぞれですが、「冷蔵庫に貼っている」、「手帳に挟んで持ち歩いている」、「ラミネート加工し、書斎においている」など、100人いれば100通りの使い方があるようです。あなたもぜひ、やってみてください。

2.「強み」を意識して、生活する

日本人の美学でもある「謙虚さ」は、時としてあなたの「強み」を見えなくするものです。レポートの「自分軸のフレームワーク」を目に付くようにすることは、あなたの「強み」を意識させることにも繋がります。

自己分析術を実施した結果、あなたは自身の「強み」について、腑に落ちていない方が多いことを、筆者は経験上分かっています。しかし、あなたのアンテナはすでに立っています。

日々生活している中で、あなたの「強み」は、仕事はもちろん、趣味、そのほかのことで、あなたの自然なふるまいの中で、他人から感謝されたり、驚かれたりすることが必ずあります。今までは、そんな嬉しい言葉をあなたはスルーしていました。しかし、これからは違います。「え、そうかもしれない」「あ、そうなんだ」と次第にあなたの「強み」をあなた自身が認識し始めます。

人により、その期間は異なりますが、「これが私の強みです」と自身に腑が落ちた時、あなたには自信が生まれます。そして、どのようなコミュニティ、組織、対人関係の中でも、

「ここは自分」と思えるため、あなたのポジションや役割が、適切なところに自然と収まるようになるのです。そうです。あなたの「強み」を活かせる立ち位置に自然に導かれるように、あなたの意識がセットされるのです。

自己分析術により自分の「強み」を意識することができるようになれば、今までとは違った成果が、今までより早いタイミングで得られることが多くなります。ぜひ、「強み」を活かした人生を楽しんでください。

3．自己分析術の分析結果レポートを定期的に読み返す

驚くことに、今、作成した自己分析術の分析結果レポートは、5年後、10年後にも効果的です。自己分析術を開発してまだ12年なので、残念ながら15年後は筆者にも分かりませんが、きっと15年後もあなたにとって有効な知的資産となります。

あなたは、様々な経験を通じて、日々成長しています。その経験や成長により、あなたの社会的な「役割」や「居場所」も変わってきます。

しかし、自己分析術の分析結果レポートを、人生のイベントで読み返すと、その時に応じた新しい気づきを得ることができるのです。そして、あなたの判断に対し、「間違いない

よ。」と背中を押してくれるのです。

これは私が意図して狙ったものではなく、受講生が熱くなって私に教えてくれた自社分析術の驚きの効果なのです。

ぜひ、あなたも人生の岐路に立った時、判断が必要になったときに自己分析術の分析結果レポートを読み直してください。これはあなたの大きな知的資産となるはずです。

もし、あなたが経営者や起業家であるなら、自己分析術をつぎのような活用をしている方もいますので、ご紹介しておきます。

・経営者の場合

1．後継者を選定する
事業承継の問題は昨今多くなっています。特にここでは、ご子息、従業員、または外部から後継者を選定する時に活用するパターンで利用したものをご紹介します。

自己分析術では、本人の「ミッション（存在意義）」「理念（あり方、考え方）」、そして「社会貢献目標」が明確に可視化されます。

それだけでなく、本人の「ライフワーク（生涯やり続けるための仕事）」や将来的に目指すべき「ライトワーク（自分が輝くための仕事）」も可視化されます。

事業の後継者を選ぶわけですから、後継者が承継された事業に情熱を持てることが前提であり、後継者にとって人生を掛けるだけの手段となりうることが確認ポイントとなります。

その視点から、経営者は後継者候補を選定し、後継者になることを提案したのです。経営者は、自己分析術の分析結果レポートをもとに、後継者になるための双方のメリットを力強く提案できました。また逆に後継者の立場から言えば、ビジネススキームにとどまらない経営者自身の熱い想いや根本の考え方を理解することができたので、事業継承に対する覚悟が定まったそうです。

ちなみにこの件に関しては、ある経営者の方から、信頼している従業員への情熱の引継ぎに成功し、めでたく後継が決まったそうです。大きな荷が肩から降ろせたと、とても喜ばれました。

2．事業責任者の配置換えやチーム組成をする

人材の配置は、どの会社でも困難な仕事の一つです。とくに、責任者として任せる場合、

今までの経験や知識を当てにしてしまいます。キャリア採用であればなおさらです。

ある経営者の方は、キャリア採用で事業責任者を任せているその方に対し「問題なく、そつなくこなしてくれている」と感じていたようです。しかし、自己分析術の結果を見ていて、別事業の役割を任せた方が本人は「情熱」をもって取り組めるのではないか？　と突然、ひらめいたようです。早速、本人に打診してみたところ、「やってみたい」、「挑戦してみたい」という返事が返ってきたようです。

そこで経営者からチーム組成に関する相談があったため、筆者は事業責任者と「ミッション（存在意義）」「理念（あり方、考え方）」が似ていて、「強み」が全く違う方をその方のチームメンバにしてみることをご提案しました。

順調にチームは立ち上がり、経営者の方も満足する結果を出し続けているようです。

・起業家の場合
あなたが起業しようとしている。そして共同経営を考えているならば、自己分析術は極めて有効です。

ちなみに、筆者が見てきた経営者で、共同経営という形式で仲たがいせずに、順調にビジネスを長期的に成長させている方をほとんど見たことがありません。

経済史的にはソニーやホンダが共同経営の成功例として度々取り上げられますが、そのようなことは奇跡といえるほど稀だと私は感じています。

個人的な見解では、基本的に共同経営は避けた方が賢明です。どうしても共同経営したいなら、自己分析術で以下の視点で、冷静に検証することをお勧めします。事業承継で後継者を選ぶ際と似ている視点です。

・共同経営する人と「ミッション（存在意義）」「理念（あり方、考え方）」は同じ方向を向いているか？
・共同経営する人と「社会貢献目標」を理解しあえ、お互いに最大の応援団になれるか？
・共同経営する人と「強み」は全く異なるか？

この3点です。


冷静に、本質を考えるとわかることです。

お金の稼ぎ方と使い方には、人格と品格が表れます。それを確認するために、お互いのミッション、理念、社会貢献目標を共有することが成功要因となります。

多くの共同経営が失敗するのは、「強み」が重なっているからです。当初はうまくいくかもしれませんが、私の経験では必ずお互いがぶつかります。理由は元々二人の「強み」が重なり、「ミッション」「理念」「社会貢献目標」がずれているからです。

大きなことを成し遂げるのであれば、自分にできないことができる人と組むことです。あなたと同じ強みの共同経営者は要りません。むしろ細かなやり方が目に付くようになり、かえって面倒です。逆にあなたと違った強みや人脈を持っている方と組むことができれば、あなたの成功は加速するはずです。

ぜひ、経営者であるならば、自己分析術の分析結果レポートの応用活用として、参考にしてください。

第二章のまとめ

・本書では、「成功」「成功者」を「なりたい自分になる」と定義している
・「自己分析術の成果物」は、「自己分析術の分析結果レポート」であり、唯一無二のあなただけの「オリジナルレポート」である。

・「自己分析術の分析結果レポート」は、「過去、現状の分析結果だけでなく、将来に向けた人生のロードマップ」になる。
・「自己分析術のフレームワーク」は、「自分軸のフレームワーク」＋「3つのワークスタイルのフレームワーク」から構成している。
・「自分軸のフレームワーク」は、「自分軸」＋「3つの目標設定」から構成している。
・「3つのワークスタイルのフレームワーク」は、「ライスワーク」「ライフワーク」「ライトワーク」から構成されている。
・自己分析術の分析結果レポートは、個人向け、経営者向けにいろいろな活用法がある。

第三章　自分軸を認識しよう

自己分析術における自分軸は唯一無二になる

証でもあり、甘い壁でもあるコンフォートゾーンに要注意

前章でご説明したように、自分軸は、ミッション、理念、強みで構成されます。あなたは、自分のミッション（存在意義や果たすべき使命）について考えたことがあるでしょうか？　人は、自分だけのためにはそれほど「がんばること」「頑張り続けること」ができません。「そんなことないよ」「むしろ自分のことしかがんばれない」という人もいるかもしれません。そんな人でも、胸に手を当てて考えてほしいのです。

あなたは、自分のためだけなら、どの程度まで仕事を頑張れるでしょうか？　想像してみてください。そして自分ではなく、家族のためという理由があったとき、あなたの頑張りは、さらに一つギアが上がるのではないでしょうか？

このような些細なイメージからも、人は「自分のために頑張るライン」と「家族のためなら頑張れるライン」が違うことを理解できるでしょう。

スポーツを通してでも同じでしょう。「自分が上達したいためにがんばっている」のはもちろんですが、それでも「チームの勝利のために、チームの仲間のため」に頑張った経験がある方も多いに違いありません。

また、経営者もしかりです。社員のために、そしてその社員やその家族の生活のために、とがんばっている経営者も多いことを私は知っています。

コンフォートゾーンという言葉を、ご存じでしょうか？　コンフォートゾーンとは、衣食住が安定し、満足できるレベルにあり、仕事や人間関係で良好な環境を維持できているような状況のことです。

コンフォートゾーンは、それなりに頑張った人に与えられるご褒美みたいなものです。もちろん、人によってコンフォートゾーンの状況は異なります。

イメージしてみてください。たとえばあなたは、未来ある若者です。仕事も評価をされています。そして、収入も人並み以上あります。必要なものは一通り所有していて、ちょっと贅沢ができるような状況です。さらに大切なパートナーもいて、充実した日々を過ごしています。

さて、このような状況であなたは、自分のミッションを真摯に受け入れ、あなたの時間をそのために費やし、つまりは今のコンフォートゾーンから抜け出す選択肢を選べるでしょうか？

私も含め、こうしたコンフォートゾーンは、誰にとっても自分自身の成功、つまりなりたい自分になるためには、むしろ遠回りのトラップと思えるでしょう。実はあなたの人生の前には、厳しいだけなく、コンフォートゾーンのように甘い壁もあるのです。

コンフォートゾーンは個人それぞれの感覚によるものなので、その状況にはもちろん個人差があります。もちろん、コンフォートゾーンは、今まであなたが頑張ってきた〝証〟でもあるので、素晴らしいことではあります。しかしこれは、ひとときのご褒美にすぎません。

あなたが死に際間近で自分の生涯を振り返ったとき、コンフォートゾーンでくつろいでいる自分に何かを言いたくなるかもしれません。「立ち止まる時間はそれくらいにして、人生の目的を忘れずに、やるべきことをやろうね。」そんな言葉が浮かんでくるかもしれません。

「ミッション（存在意義や果たすべき使命）の見つけ方

では、あなたのミッション（存在意義や果たすべき使命）は、どうやったら見つかるのでしょう？　実は簡単で、「誰がどのようになってくれることがうれしく感じるのか？　自分のことのようにうれしく感じるのか？　やってよかったと感じるのか？」そのような視点で整理することで、あなたのミッションを発見することができるのです。

本来、あなたのミッションは、「あなたがうれしい、楽しい、ワクワクドキドキする。」という幸福を感じることでもあります。そして、自然に心の底から湧き上がってくるものでもあります。

しかし、もし、あなたが今、コンフォートゾーンのど真ん中にいるならば、そのような感覚は薄いかもしれません。誰しもそのような状況は陥ります。しかし、お風呂と同じです。そんなに長く浸かっていることはできないのです。

そのようなときは、無理せず、焦らず、あなたの情熱が湧き上がるタイミングを待ちましょう。ただし、きちんと、更なる飛躍のタイミングに向けての準備だけはしておきましょう。

あなたは、自分の理念（あり方、考え方）について考えたことがあるでしょうか？

あなたは、会話をしていて、理由は分からないけどなぜか自然に振る舞える相手、居心地がよく楽に感じる相手がひとりやふたりはいるかもしれません。

あなたとなんとなく性質が似ていたり、興味を持つものが似ていたり、避けたいことが似ていたりするのではないでしょうか？

あなたにも多かれ少なかれ独自の価値観があります。そのあなたの価値観が似ている人と一緒にいると本能的に楽しく感じることがあります。

あなたの理念（あり方、考え方）は、いうなればあなたの価値観の一部でもあります。

あなたの哲学や正義と言い換えてもいいかもしれませんが、広義の意味では価値観の方が相応しいと思います。

意外と気づかない方も多いのですが、同じ目標を掲げていても、価値観が違えばアプローチは異なるのです。

例えば、世界平和を掲げる価値観の異なるリーダーがふたりいたとします。ひとりは、共存、共栄、尊重しながら世界平和を目指すリーダーであり、もうひとりは、自分が絶対的な存在として力ずくで世界を掌握して、その権限をもってして争いごとをなくさせることで世界平和に導くという考え方をしているリーダーであるとします。

このような最終的な目的を同じくするリーダーであったとしても、リーダーの価値観が異なることで、目標に向けたアプローチや手段は全く異なります。そして、そのリーダーの価値観次第で、集まる仲間たちの価値観も全く異なるのです。

ですから、あなたがどのような人に囲まれて人生を過ごすか？　ということは、あなたがどのような価値観を持っているか？　ということで決まるといっても過言ではありません。

あなたと価値観の異なる人は、知らないうちにあなたと疎遠になっている。このような経験をあなたはしたことがあるのではないでしょうか？

もし、あなたのリーダーが目標を掲げているならば、リーダーの理念（あり方、考え方）をしっかりと確認してください。一見、共感に値する素晴らしい目標だったとしても、ついていけないと感じる結果になるかもしれません。
そして、あなたはどんなリーダーなのでしょうか？

あなたの自分軸を整理してみよう

ミッション・理念に関する質問例（図．ミッション・理念に関する質問例）

質問1　あなたが死んだ際、葬式をイメージしてください。

（お葬式の形態ではなく、見送られ方をお尋ねします）

①　どのくらいの人数に見送られたいですか？

②　それはどのような方々ですか？

③　そのような方々から『あの人はどのような人だっ

【ミッション・理念】に関する質問例

質問1 あなたが死んだ際、葬式をイメージしてください。
・どのくらいの人数に見送られたいですか？
・それはどのような方々ですか？
・そのような方々から『あの人はどのような人だった』と評価されたいですか？
・どのような方々から『このような理由でもう少し長生きしてほしかった』と評価されたいですか？

（質問1の目的）
1. あなたが潜在的に望んでいる生き様・イメージを引き出す。
2. あなたが本当に関わり続けたい人を引き出す。

質問2　自由に使えるお金が無制限にあるならば、あなたは一体毎日何をしますか？

（質問2の目的）
1. お金を稼ぐ必要がない。嫌なことをする必要がない。つまり、制限のない状況において、あなたが本当にやりたいことを引き出す。
2. 継続的かつ情熱を引き出せる活動を引き出す。

図．ミッション・理念に関する質問例

④ どのような方々から『このような理由でもう少し長生きして欲しかった』と評価されたいですか？

た』と評価されたいですか？

質問2　毎月毎日、好きなだけ制限なくお金を使える環境になったとイメージしてください

①『お金を稼ぐ必要がない』状況になったら、あなたは毎日何をしますか？

②『嫌なことをする必要がない』状況になったら、あなたは何に時間を費やしたいですか？

③『趣味や好きなことにも十分時間を費やした』状況になったら、あなたは次に何に時間を費やしたいですか？

価値観に関する質問例（図：価値観に関する質問例）

① あなたがつとめた人生の役割（夫、妻、父、母、部長、友人、自治会長など）の中で、最も大切と思えるモノは何ですか？

② あなたにとって本当に大切な人、活動、ものごとは何ですか？

③ 他のことに追われていなければ、何をやってみたいと思いますか？

④　残された命があと半年だとしたら、何をしたいですか？

⑤　心残りなく死ねるとすれば、それは何をやり終えたら、ですか？

⑥　自分には、どんな特技や才能があると思いますか？　何が得意だと感じますか？

⑦　『ぜひ成し遂げたい』と思っていることは何ですか？

⑧　何をしているときに心の安らぎを得られますか？

⑨　何になりたい？　何をしたいと常に考えていますか？

⑩　何に人生を捧げたいと思っていますか？

⑪　自分の子供にはどのように育ってほしいと思いますか？

【価値観】に関する質問例

質問1. 自分がつとめた人生の役割（夫、妻、父、母、部長、友人、自治会長など）
最も大切と思えるモノは何？
質問2. 自分にとって本当に大切な人、活動、ものごとは何？
質問3. 他のことに追われていなければ、何をやってみたいと思う？
質問4. 残された命があと半年だとしたら、何をしたい？
質問5. 心のこりなく死ねるとすると、それは何をやり終えたら？
質問6. 自分には、どんな特技や才能がある？何が得意？
質問7. ぜひ成し遂げたいと思っていることがある？それは何？
質問8. 何をしているときに心の安らぎを得られる？
質問9. 何になりたい？何をしたいと常に考えている？
質問10. 何に人生を捧げたいと思いますか？
質問11. 自分の子供にはどのように育ってほしい？

（質問の目的）
ミッションや理念を整理する際の本当に重要と感じるものを自己認識する。

図．価値観に関する質問例

これらの質問は、問い方を変えて、同じものを確認しています。問いかけ方によって引き出せるものが人によって異なるからです。

質問例について、ちょっと深堀をしてみましょう。

質問1は、今まであまり聞かれたことのない質問だと思います。あなたが人生を終えたその時、他人からどう見られていたいのか？　あなたの人生の通知簿をイメージしてもらう質問です。

質問1の①②③では、理念を確認する目的で問いかけています。あなたの影響力だったり、あなたの人に対する優先順位だったり、あなたの理想だったり、です。

質問1の④では、ミッションを確認することができればラッキーな質問です。

質問2は、あなたが本当は何をしたいのかを聞いています。現代の日本人は、とくにお金に縛られています。「あなたの夢は何ですか？」と聞かれて、「マイホームを持つことです！」と答えているＣＭなどのシーンに違和感を覚える人は多いはずです。あなたは、家を買うために生まれてきたのでないでしょう。お金を稼ぐために生まれていたのでもありません。お金はただの手段です。お金に縛られることのない環境になったら、あなたが本当にしたいことは何ですか？　何に時間を費やしたいですか？　それをイメージしてもらう質問です。趣味だけでは、充実した気持ちになることはできないことに気づいてもらいたい質問です。

上記の質問では、あなたが優先したいこと、願望、やすらぎ、理想、社会への貢献、そしてあなた自身の評価などについて質問しています。それらの質問を通じて、あなたのミッション、理念、そしてあなたの価値観を整理し、確認することができます。

ちなみに、⑪は、あなたの子供という分身を通じて、本当のあなたは自分がどうありたいか？　という理想を確認する質問です。私の経験では、意外とこの質問からあなたの理念（あり方・考え方）が確認できることが多いのです。

あなたの人生の方向性や目的について確認しよう。せっかくなので、あなたの人生の方向性や目的について確認しておきましょう。少しスピリチュアル的な方法ではありますが、

ぜひやってみてください。これは、協力者がいるとやりやすくなります。（図．『人生の方向性や目的』を確認する質問例）

　協力者には、以下の言葉をゆっくりとゆっくりと心で感じ取るように読み上げてもらってください。そして、あなたは、1、2、3番目に響く言葉を挙げてください。

・輝き・発展・勝利・パワー・チャンス・成功・情熱・勇気・ハート・ぬくもり・なごみ・ありがとう・微笑み・安らぎ・平和・正義・行動・イメージ・未来・センス・宇宙・クール・明るい・創造・インスピレーション・魅力・優雅・ビジュアル・ヒーリング・洗練・美・可憐・透明・自由・飛躍・旅立ち・夢・開放・喜び・ユニーク・楽しみ・光・祈り・ピュア・信頼・直感・目覚め・希望・知恵・

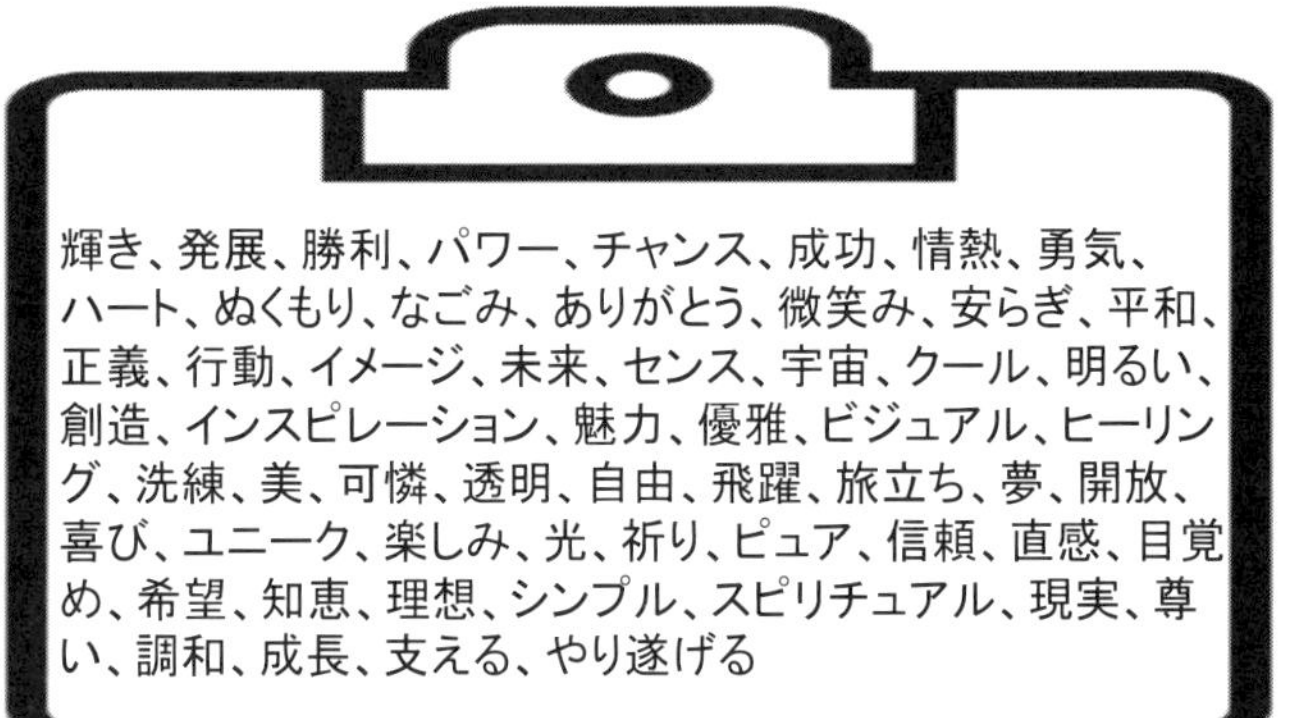

図.『人生の方向性や目的』を確認する質問例

理想・シンプル・スピリチュアル・現実・尊い・調和・成長・支える・やり遂げる

1、2、3番目に響く言葉を挙げて見てください。

1番目：魂の目的

2番目：今の自分に不足している性質やこれから成長させていく必要のあること。

3番目：困難なときこそ忘れてはいけないこと。大切な方向性。

ぜひ、こちらの結果も、息抜き的に参考にしてみてください。

強みの見つけ方には、テクニックが必要

あなた自身の強みの見つけ方には、ちょっとしたテクニックが必要になります。

この強みの見つけ方については、自己分析術の分析結果レポートの品質、特にあなたの将来を見据えた計画に対して大きく影響するため、アプローチ、やるべきこと、ちょっとしたコツ（アドバイス）をしっかりご説明していきます。（図：あなたの「強み」を見つけるためのアプローチ）

あなたの「強み」を見つけるためのアプローチは、次の4つのＳｔｅｐで行います。

Step1. 半生を振り返り時間を費やしたイベントを洗い出す	Step2. 驚かれたことやほめられたことを書き出す	Step3. 驚かれたことやほめられたことを集約する	Step4. 集約したことを深堀し、強みとしての表現に変換する
やるべきこと			
・時系列で今までの習い事、バイト、部活、学校でのイベント（役割をもった）、時間を費やしたこと、仕事など、些細なこと含め、あなたの半生を振り返ってみてください。 ・数多く挙げるだけ強みが見つけやすくなります。	・それぞれのイベント毎に、過程や結果で驚かれたことやほめられたことを書き出してみてください。 ・すぐには思い出せないことが多いと思います。時間をかけて思い出してください。	・イベント毎に驚かれたことやほめられたことを書き出すと、「同じような性質」「同じような要因」が必ず存在します。これらをまとめてみてください。 ・強みの本質は整理できます。	・強みの本質が見えてきたら、それらについて深堀質問します。深堀とは、強みを具体的、かつ再現性・継続性を発揮できるような状況を確認していきます。 ・最終的には、3つ程度の強みに言語化します。
ワンポイントアドバイス			
・自分で大したことのないイベントなど、勝手に判断せずに思い出せる限り、思い出してください。 ・あなたの半生に無駄な時間は一切ありません。	・あなたは、「大したことをしていないのに大げさだな？」と感じたのに、驚かれた、ほめられたことに強みが隠れています。 ・日本人特有の「謙遜の美学」は捨てて、しっかり思い出してみてください。	・3つほどリストアップできると、意外と他のイベントでも同様のことがあったことに気づきます。 ・日本人は特に、「そんなことないよ」「たいしたことないよ」と言って、記憶から外してしまう習慣があります。	・強みの言語化は、「協調性がある」「記憶力がいい」など抽象的な強みは社会生活で使い物になりません。 ・せめて、「関連性のある出来事や情報を即座に引出し、会話に組み込むことができる」程度の表現にしましょう。

図．あなたの「強み」を見つけるためのアプローチ

Ｓｔｅｐ１．半生を振り返り時間を費やしたイベントを洗い出す。
Ｓｔｅｐ２．驚かれたことやほめられたことを書き出す。
Ｓｔｅｐ３．驚かれたことやほめられたことを集約する。
Ｓｔｅｐ４．集約したことを深堀し、強みとしての表現に変換する

Ｓｔｅｐ１．半生を振り返り時間を費やしたイベントを洗い出す

時系列で今までの習い事、バイト、部活、学校でのイベント（役割をもった）、時間を費やしたこと、仕事など、些細なことを含め、あなたの半生を振り返ってみてください。数多く挙げるだけ強みが見つけやすくなります。

「幼少期時代」、「小学校時代」、「中学校時代」、「高校時代」、「浪人時代」、「大学時代」、「社会人になってから」と時系列で区切って洗い出すと抜け漏れが少なくなります。

ここでのポイントは、自分でたいしたことのないイベントだ。と勝手に判断せずに思い出せる限り、すべて思い出すことです。

これまでのそれぞれの時代における習い事、バイト、部活、学校でのイベント（の役割）、時間を費やしたこと、仕事など、あなたの人生を振り返るのです。少年野球、中学

受験、バレー部、学園祭の役員、イベントのスタッフ、居酒屋の店員、塾・家庭教師、○○の社員、個人事業で参画したプロジェクトA、法人設立、町内会での役員、PTA役員などなど、いろいろと出してみてください。

さてここで、Step2以降を行うにあたり、参考までに私のまとめ方をご紹介します。

マインドマップやコンセプトマップという言葉を聞いたことがあるでしょうか？　人は頭の中で思い出した事象を「見える化」することで、記憶を呼び起こしたり、強みの共通点を整理することができます。マインドマップやコンセプトマップはそのための手法として活用することができます。

私は、マインドマップのように「主となる1つのトピック、ここではイベントから出発」し、コンセプトマップのように、どのようなときに、誰から、どのように「感謝された」「驚かれた」「褒められた」ということをネットワーク状に広げて記載します。これを各イベントに対して、記載していくのです。

ここではマインドマップ、コンセプトマップを理解し、活用することが目的ではありません。あくまで、あなたの「強み」を可視化、見える化し、整理することが目的です。ひいてはあなたの半生を可視化し、見える化するための表現方法として参考にできるでしょう。まとめ方に「これでなければだめ！」といった正解はありませんので、あなたのやりやすい方法で整理してみてください。そしてぜひ、このまとめ方も参考にしてください。

Ｓｔｅｐ２．驚かれたことやほめられたことを書き出す。

それぞれのイベント毎に、過程や結果で驚かれたこと、ほめられたことを書き出してみてください。その際、どのようなことをしていて、誰に、どのように驚かれたのか？　感謝されたのか？　褒められたのか？　を関連付けてメモしておいてください。

すぐには思い出せないことが多いと思います。だから時間をかけて、じっくりと思い出してください。非常に重要なところですので、適当に終わらせないでくださいね。

なぜ、思い出せないことが多いのか？　というと、あなたがしっかりと日本人の美学を兼ね備えているからです。

イメージしてください。あなたが先生、監督、上司、チームメンバ、友達に「すごいね」と驚かれたとします。あなたは、どんな反応をしていますか？

「いえいえ、たいしたことないです」「普通です」「そんな大げさな」と言った反応をすることが多くないですか？　謙遜し、慎ましくあることは日本人特有の美学です。しかし人と異なる長所も「当たり前」とすることで、自分自身を卑下し、何もないことにしてしまいます。でもあなたにとっては当たり前のことでも、他人からすればそれは「強み」になります。あなた自身が一番、あなたの「強み」について気づいていません。だから、知らないのです。

ここで日本人特有の「謙遜の美学」はきっぱりと捨てて、しっかり思い出してみてください。自分は「たいしたことをしていないのに大げさだな？」と感じたのに、他の人から驚かれた、ほめられたことにこそ、あなたの「強み」が隠れているのです。

あなたの「強み」が整理できても、すぐには腑に落ちないかもしれません。でも、今日から意識して生活してみてください。きっと半年後、一年後にはあなたはあなたの「強み」を認識し、「自信」を持ってあなたのやるべきことに取り組むことができるようになっているはずです。

Ｓｔｅｐ３．驚かれたことやほめられたことを集約する

マインドマップやコンセプトマップのような図に、イベント毎に驚かれたことやほめられたことを書き出すと、「同じような性質」「同じような要因」が必ず存在します。

これらをチェックし、まとめてみてください。どのような状況で、どのようにしたことで、どのような驚かれ方をしているのか？　類似のシチュエーションで、あなたは「強み」を発揮しているのです。あなたの知らない間に…。

これで、あなたの「強みの本質」は整理できます。

私の経験からは、3つほどリストアップできると、意外と他のイベントでも同様のことがあったことに気づきます。

日本人は特に、「そんなことないよ」「たいしたことないよ」と言って、記憶から外してしまう習慣があることが、この分析の最大の課題になります。

この強みの集約・整理は、第三者にしつこく何度も確認してもらうことにより記憶を呼び起こし、客観的に分析できます。

そして、今までの質問と異なり、論理的思考を求められるところでもありますので、ちょっと分析スキルが必要になるかもしれません。筆者が自己分析術のサービスを提供する際にも、最も集中し、一番時間をかけて質問し、整理するプロセスとなります。

このＳｔｅｐ3を客観的に分析することにより、Ｓｔｅｐ４の深堀質問が出てくるのです。


Ｓｔｅｐ4．集約したことを深堀りし、強みとしての表現に変換する

あなたの「強み」を実用化するためには、必要不可欠のＳｔｅｐです。

自分の強みの本質が見えてきたら、さらに深堀りをします。深堀りとは、強みを具体的、かつ再現性・継続性を発揮できる状況になるよう確認していくことです。

「あれ？　このイベントでも、こんなことを言われたことありませんか？」、「このイベントのこんなシチュエーションでこんなことありませんでしたか？」、などと追加質問していくのです。

私の経験では、深堀りのために追加質問をしていくと、隠れていた個々人の強みが面白いほど次々と露わになってきます。

「あ、そうです。そんなことありました。」と思い出してくれるのです。自己分析術を提供していて、一番気持ちいい瞬間です。

そして、受講者の表情が笑顔になる瞬間でもあります。一抹の不安が消え、希望を感じ

るように著者には感じています。

最終的には、今後あなたが、実用的に活用できる3つの強みを言語化します。人によっては、4つから5つになる人もいますが、最低3つは必ず出てきます。

強みの言語化は、「協調性がある」「記憶力がいい」など抽象的な強みは実際の社会生活で使い物になりません。もっともっと具体的にする必要があります。

履歴書に記載するような「あなたの長所」の欄ならこの程度でいいのかもしれません。しかしここで明らかにしたいのは、実社会で発揮すべきあなたの「強み」なのです。

たとえば、「記憶力がいい」だけではなく、せめて、「関連性のある出来事や情報を即座に引出し、会話に組み込むことができる」程度の表現にはしておきましょう。

例えば、幼少期から大学生、社会人時代の折々で、親や先生、友人、同僚から「段取りよくテキパキと物事を進められるね」、とか「いつも仲間の中心にいてリーダーシップを発揮しているね」とか、逆に「慎重すぎるかもしれないけど結果は正確で間違いがないね」など、つねに同様のことを言い続けられていることに気がつけるか、です。どのような状況で、どのようにしたことで、どのような驚かれ方をしているのか？　ということに共通点が見つかれば、容易に整理できることなのです。

だからこそ私は、マインドマップやコンセプトマップのような図で可視化、見える化の方法を活用しているのです。

自分の強みを差別化、実用化できる段階まで落とし込むことができれば、いろいろなビジネスシーンであなたの「強み」を使って、優位なポジションを確立することが可能になるはずです。

もしあなたの強みで優位なポジションを確立できれば、より気持ちよく仕事ができるし、自信をもって組織に貢献することができるでしょう。

自分軸を仕上げよう

ようやく自分軸（ミッション、理念、強み）を整理することができました。

あなたの自分軸の3要素を記載してみましょう。（図：自分軸の3要素）

これからは、しっかりと自身の言葉で、あなたの自分軸を言語化しておくことが重要です。言語化することではじめて、あなたの表現が確立され、あなたの言葉になるからです。

さて次の章では、目標設定について、ご紹介していきます。

『あなたの夢』に期日をつけ、達成すべき数値を入れることにより、夢が実現可能な具体的目標になるのです。ワクワクしながら目標設定してみてください。

第三章のまとめ

・コンフォートゾーンは、あなたの成功（なりたい自分になる）をさまたげる遠回りのトラップにな

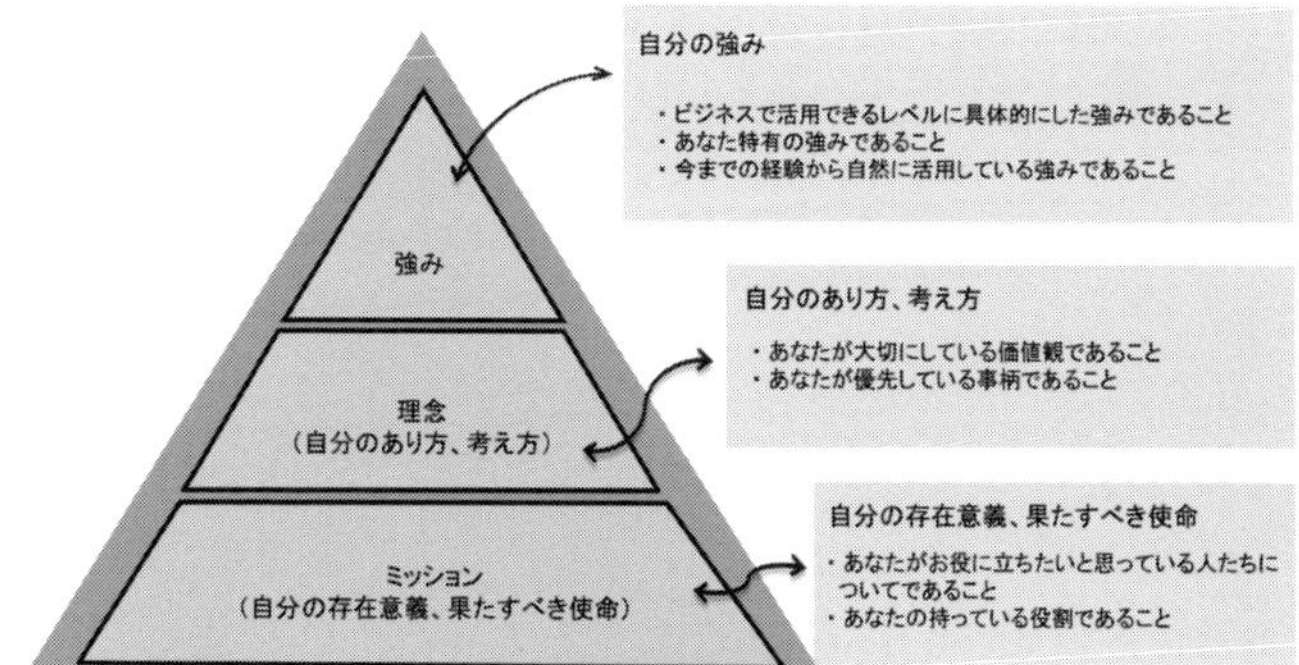
自分の強み
・ビジネスで活用できるレベルに具体的にした強みであること
・あなた特有の強みであること
・今までの経験から自然に活用している強みであること
強み
自分のあり方、考え方
・あなたが大切にしている価値観であること
・あなたが優先している事柄であること
理念
（自分のあり方、考え方）
自分の存在意義、果たすべき使命
・あなたがお役に立ちたいと思っている人たちについてであること
・あなたの持っている役割であること
ミッション
（自分の存在意義、果たすべき使命）
自分軸の3要素

図：自分軸の3要素

りかねない。あなたの人生の壁には、コンフォートゾーンのように甘い壁もある。

・人は、自分だけのためだけには、「がんばること」「頑張り続けること」ができない。

・「ミッション」「理念」に関する質問は、問い方を変えて、同じものを確認している。問いかける視点によって、引き出せる回答が人によって異なるからだ。

・強みの見つけ方には、ちょっとしたテクニックが必要になる。4つのStepでしっかり分析すること。

第四章　目標設定は3つある

自己分析術における目標設定は、自己実現のための設計図である

自分の生きざまそのものを示す3つの目標

まずは、あなたが「幸せだと感じる状態」をつくっていきましょう。そのために必要なものが「状態目標」です。そして、あなたが幸せだと感じる状態を維持しつつ、あなたの成功（なりたい自分）に向かって取り組むべきものが「達成目標」です。

そしてもうひとつが、「社会貢献目標」です。だれも自分一人の力で「成功」している人はいません。必ずあなたが成功するためには、あなたの応援団が必要になります。あなたの応援団をつくり、「あなたの成功」を加速させるためのもの、それが「社会貢献目標」です。

ところで、あなたもこれまでの人生で、目標設定は何度もしてきているのではないでしょうか？　しかしその時「状態目標」や「社会貢献目標」を設定してきたでしょうか？

受講者と目標設定について話をしてみると、「達成目標」しかしたことのない人がほとんどです。「達成目標」以外の目標設定には、なじみがないようなのです。

これは筆者も、そうだろうと容易に想像はできます。

目標設定のシーンをイメージしてみてください。多くの場合、経営者や上司に相当する立場の方が、あなたの仕事面での目標を設定させるシーンが多くはないでしょうか？
経営者や上司は、当然のことながら、会社や組織の業績に大きな興味があります。そのためにあなたに目標設定をさせるわけですから、どれくらい売上を上げるか？　どれくらいスキルアップするか？　といったような会社の業績に関係のある目標設定に偏りが生じるのは、ある意味当たり前です。

語弊を恐れずに言うならば、あなたの幸せや成功のためではなく、会社の成功（業績）のために目標設定をさせているのです。
それ以外にも、お正月や年末年始に新たな目標を掲げたりしたこともあるでしょう。その際にも、経済的な目標や資格取得に向けた目標、資産運用に向けた目標などの「達成目標」が中心となるはずです。

自己分析術では、達成目標だけでなく、状態目標や社会貢献目標に重きを置きます。なぜなら、そうした状態目標や社会貢献目標こそが、あなたが「幸せな状態」になり、「成功（なりたい自分）」に向かって進み、「あなたの成功」を加速させる事ができる多面的な目標設定だからです。

そのためにも、自己分析術では「バランスのよい夢リスト」を作成することをお勧めしています。そしてひとつひとつの「夢」を自分に引き寄せるために、個々の「夢」を「目標」に変えるための次のような心構えや方法を紹介していきます。

・夢のままではかなえることができない。夢のままならそれは「寝てみるもの」、「憧れるもの」にとどまってしまう。
・それぞれの夢には、必ず期間と数値を設定する。そうすれば、「夢」や「憧れ」は、「目標」になる。

あなたを幸せにするための「状態目標」

あなたが幸せを感じられる状態目標を定義していきます。

まず、「家族・仲間」との理想的な関係についてです。

ある人は、「いつも家族と一緒に居て、一緒に泣き笑いをしていたい」と感じています。一方で、「家族は心の繋がりがあればいい。便りのないことが無事の証。困ったときには全力で助け合う。それ以外は自分の人生を精一杯楽しむべき」と感じる人もいます。

100人いれば100通りの理想と考える関係性があります。


あなたの理想とする家族との関係性はどんな状態でしょうか？　そして、その状態を確立し、維持するためにどんなことをすればいいでしょうか？


月に1度は家族そろって外食に行く、3か月に一度は家族で温泉旅行に行く、夕食は家族で食卓を囲む…、などいろいろ考えられると思います。

あなたの理想と感じる家族や仲間との関係性を3つほど箇条書きにしてみてください。

そして、それを維持するためになにをするのか？　も3つほど箇条書きにしてみてください。


重要なことは、あなたが最優先と考える3つ程度に絞って書き出すことです。

次に、「心・精神」における理想的な状態についてです。

ある人は、「仕事で集中したいときに、集中できるような精神状態」と感じるかもしれません。一方で、「常に新しくチャレンジしたくなる情熱を維持できる状態」と感じる人もいるかもしれません。

または、「悪いことがあってもポジティブに切り替えられる精神状態」など、性格や性質に関係のあることを変えたいと思う方もいるかもしれません。

あなたの理想とする心・精神は、どんな状態でしょうか？　そして、その状態を確立し、維持するためにどんなことをすればいいでしょうか？

毎朝、神社まで散歩してお参りをする。ランチの後10分間目を閉じて、瞑想音楽を聞いて精神的なリセットをする。毎日15分は神社に参拝する。毎月1度はひとり会議をする…。


あなたの理想と感じる心・精神の状態を3つほど箇条書きにしてみてください。そして、それを維持するためになにをするのか？　これも3つほど箇条書きにしてみてください。

重要なことは、あなたが最優先と考える3つ程度に絞って書き出すことです。

最後に、「健康」における理想的な状態についてです。

「健康」については、若い方と年配の方では認識がまったく異なると思います。私も若いころは健康で当たり前と感じていました。

このテーマは、大病をしたことがある人と健康な人では、内容がまったく異なります。

自己分析術の受講生でもあり、旧知の友人の例ですが、彼は学生時代、硬式野球の全国大会で優勝争いに絡むようなチームで正捕手として活躍していました。そして社会人になってもエンジニアとしてたたき上げ、独立起業し会社を経営するなど他人の倍働いていました。しかし40歳を過ぎたころ突然、脳梗塞で全失語症、半身不随の大病を患ってしまい、医療的にも打つ手がないと言われてしまいました。

しかし彼は、医師も驚くほどの奇跡の復活を成し遂げたのです。今ではすべて一人で家事をこなすだけでなく、社会復帰し、なんと講演活動まで行っているのです。部分的に失語症になった方の講演会はいくつか例がありますが、全失語症からの講演活動はまったくと言っていい程、前例がありません。その彼の「健康」における状態目標は「１００メートルを全力で走る」でした。今はまだその途上ではありますが、夢を目標とすることで、着実に歩みを進めているようです。

さて、あなたは今、どのような健康状態でしょうか？　あなたの理想と感じる健康の状態はどんなものでしょうか？　こちらも３つほど箇条書きにしてみてください。そして、その状態を維持するためになにをするのか？　についても３つほど箇条書きにしてみてください。重要なことは、あなたが最優先と考える３つ程度に絞って書き出すことです。

さて、この「状態目標」だけで、10個程度の目標を設定しました。そして、そのためにやるべきことも10個程度挙げることができました。

イメージしてください。この「状態目標」を達成し、維持できた場合、今のあなたより格段に「幸せ」を感じることができるのではないでしょうか？

そして、そのためにやるべきことは、あなたの意識さえ変われば、すぐにでも行動に移せるものばかりではないでしょうか？　無理をしなければいけないような「状態目標」はないのではありませんか？

あなたの願望を成し遂げるための「達成目標」

次に、あなたが成し遂げたいことを定義していきます。

一般的によく行われている目標設定はこの「達成目標」が中心になります。また、自己啓発や成功哲学などでも「夢リスト」といって、自分の願望を大量にリストアップさせたりします。しかし基本はこの「達成目標」だけに該当するものです。

今回の自己分析術では、大量の達成目標リストアップを必要とはしません。期間も短期でもなく、長期でもなく、中期をイメージしてください。中期とは、3年程度の期間のことです。

まず、「仕事」において成し遂げたいことについてです。

ある人は、「社内でのプロモーション」を望んでいるかもしれません。一方で、「独立して、起業したい」と考えている人もいるかもしれません。または、「副業でビジネスを立ち上げてみたい」など様々な方向性の方もいるかもしれません。

そして、収入はいくら欲しい。売上はいくらにしたい。利益はいくら出したい。可処分所得はいくら確保したい。などこだわりたい指標も人それぞれになります。

ぜひ、あなたのワークスタイルや指標を中期的なビジョンで目標設定してみてください。

あなたが仕事で目指すべきワークスタイルや指標は、どんなものでしょうか？　そして、そのワークスタイルや指標を達成し、維持するためにどんなことをすればいいでしょうか？

特定分野の専門家との人脈をつくる。あなたの興味のある分野のコミュニティに参加し、企画する。新規事業計画を書き上げて、開業届けを出す。または、法人設立する…。


あなたが仕事で目指すべきワークスタイルや指標を、３つほど箇条書きにしてみてください。そして、それを達成するためになにをすべきなのか？　これも３つほど箇条書きにしてみてください。重要なことは、あなたが最優先と考える３つ程度に絞って書き出すことです。

次に、「知性」において成し遂げたいことについてです。

人はだれしも、多かれ少なかれ知的欲求を持っています。
ある人は、「国家資格を取得したい」と思っているかもしれません。一方で、「英会話をマスターしたい」と思っている人もいるかもしれません。または、「書籍を出版したい」、「特定の専門分野をマスターしたい」など様々な方がおられるでしょう。

この「知性」については、あなたの「強み」と達成目標の「仕事」に関係のあることを優先的に考慮することがおすすめです。もちろん、状態目標の「心・精神」で重要となるような項目であれば、そちらもぜひ優先すべきです。当然のことですが、苛立っていたり心配ごとに囚われていたりすると、明晰な判断はできません。あなたが本当にいま必要なことに、優先して取り組んでください。

さて、あなたが知性で目指すべき学習テーマは、どんなことでしょうか？　そして、それらを習得するためにはどんなことをすればいいでしょうか？　往々にして、社会貢献目標まで広がる知性の目標と、個人が連想する学習テーマがずれてしまうのはよくあることです。たとえば海外との交流を将来の目標としているのに、英検2級の習得をめざすようなものです。あなたが本来習得すべきテーマを見つけるため、自己分析術ではまずあなたが目指すべき学習テーマや指標を3つほど、さらにそれを達成するためにすべきことを3つほど、箇条書きにしてもらいます。重要なことは、あなたが最優先と考える3つ程度に絞って書き出すことです。そしてそれらの達成すべきテーマが、本当にあなたの目標に適しているのかどうか、しっかりと検証します。

最後に、「モノ・経験」において成し遂げたいことについてです。

自己啓発や成功哲学などの「夢リスト」は、成し遂げたい「モノ・経験」を物欲の赴くまま書き記すことがあります。

しかし自己分析術では、3つの目標設定、7つのカテゴリーのバランスが重要ですので、こちらも優先順位の高い3つ程度に絞って箇条書きにします。そしてそれを達成するためにどんなことをすべきなのか？　これも3つほど箇条書きにしてみてください。

自己分析術の受講生での傾向を見ると、優先度の高い3つ程度に絞り込むと、物欲より経験を優先する方が多いという特徴が表れました。それも、多くの方が家族や仲間と一緒にできる経験を挙げることが顕著でした。

たとえば、家族と海外の○○に一ヶ月行ってみたい。息子と海外の○○で一緒に語学をマスターしに行きたい。なかなか会う機会の少ない娘と国内の○○に旅行に行って、一緒に酒を飲みたい。社員旅行で社員とその家族を全員連れて、海外の○○に行きたい…。

あるいはよくある話として、新築の戸建てを建てたい。タワーマンションの最上階に住みたい。高級車を所有したい、などモノに関する願望もでてくるでしょう。

あなたのモノ・経験における願望を、3つほど箇条書きにしてみてください。そして、それを達成するために何をすべきなのか？　こちらも3つほど箇条書きにしてみてください。重要なことは、あなたが最優先と考える3つ程度に絞って書き出すことです。

この「達成目標」だけで、10個程度の目標を設定しました。そして、そのためにやるべきことも10個程度挙げることができました。

イメージしてください。この「達成目標」を成し遂げたことを考えたとき、あなたはワクワクできるのではないでしょうか？　そして、そのためにやるべきことは、あなたの意識さえ変われば、すぐにでもやるべきことが明確になっているのではないでしょうか？

社会貢献目標は、自己分析術の最重要ポイント

あなたが、世に中で役に立ちたいこと・貢献したいことを定義していきます。

そのために、今一度、あなたのミッション（存在意義）と理念（あり方・考え方）を振り返ってみてください。


誰がどのようになってくれることがあなたはうれしいのか？

そのために、あなたは何をしたいのか？

そして、現在のあなたはいったい何ができるのだろうか？


小さなことでもいいのです。今のあなたができることが重要なのです。

この「社会貢献目標」は、自己分析術のメソッドを通じて。重要なキーポイントの一つになります。

その理由を以下に説明します。

まず、「状態目標」も「達成目標」も、いうなれば、自分に視点を向けた「内向きの目標」になります。仮に、「親孝行をしたい」「社員とその家族を豊かにしたい」といった夢や目標を掲げても、第三者にとっては「頑張ってね」としか言いようがありません。

あなたの夢や目標のために、「私は何をしてあげればいい？」と協力してくれるような内容には到底なりえないのではないでしょうか？　ましてや「親孝行したい」といっても、「親孝行するのは人として当たり前です。しっかりやりなさいね。」と年配の厳しい方であれば叱咤激励することもあるでしょう。

一方、「社会貢献目標」は、他者・他人に視点を向けた「外向きの目標」になります。自分のミッションに従い、第三者のために何をしたいか、何ができるかを設定するものです。

例えば、あなたの友人が、大病から奇跡と言われるような復活を成し遂げていたとします。

そして、その友人が「障がい者、およびその家族のために、障がい者の視点から介護とリハビリで必要なことを伝える」、「今まで築いてきたものを失い、再び立ち上がろうとしている障がい者、及びその家族のために、精神的サポートをする」と社会貢献目標を発信しているとします。

そのような友人がいたら、あなたはなんと声をかけるでしょうか。私なら、「何かできることはないかな」、「私にできることがあれば何でも相談してね」と尊敬の意を込めてエールを送ります。

賢明な読者の皆さんであれば、既にお気づきかと思います。成功者と言われる人は、誰一人として、自分一人の力で成功しているわけではありません。あなたの社会貢献目標に共感したあなたの応援団が、あなたの成功（なりたい自分になる）を加速させるのです。いくら、「状態目標」「達成目標」を明確にして、発信したとしても、あなたに応援団がいなければ、あなたの成功（なりたい自分になる）への道のりは遠いままでしょう。これは、一般的な自分に視点を向けている「自己啓発」や「成功哲学」を繰り返し受講しても、気づかせてくれることはありません。

「社会貢献目標」のあるべき姿、そして、「社会貢献目標」があなたの成功にどのように寄与し、どのように継続させるかを明確に示したメソッドは、筆者の知る限りでは執筆時点ではこの自己分析術だけです。

「社会貢献目標」は、テクニカルなコピーライトではない

ただしここで、気を付けていただきたいことがあります。

「社会貢献目標」は、決してきれいごとを語るのではありません。セールスのためのテクニカルなコピーライトでもありません。


あなたは、コピーライトのテクニックを使って、万人受けするような耳あたりの良い社会貢献目標を作成することはできるかもしれません。しかし、他人はよく見ています。ちょっと付き合えばあなたの言動で、あなたの本質を見抜いてしまいます。もし、その言

動に違和感を持てば、その人はあなたから距離をおくでしょう。そして、大人の対応として、誹謗することなく、注意することなく、あなたから黙って去っていきます。

そして、決してあなたの応援団になることはありません。この先もずっと。

「社会貢献目標」は、あなたの信用、信頼を掛けて情熱をもって発信すべきものなのです。あなたの「ミッション（存在意義）」、「理念（あり方・考え方）」と「社会貢献目標」がつながっていなければ、あなたは社会貢献活動を続けることすらできないでしょう。そして、そんな勝手な発信内容では、あなたに応援団ができることはないのです。

このことは、次章でも、そのほかの検証ポイントと併せて、ご説明します。

「社会貢献目標」には、基本的な法則がある

社会貢献目標には、２つの基本的な法則があります。それはあなたの現時点の器（うつわ）の大きさに依存するものです。そして、間違ってはいけない取り組むべき順番があります。

まず一つ目は、あなた自身→身内→友人→知人→地域→日本→人類・地球、この順であなたの器は大きく広がっていくということです。それは同時に、あなたが優先すべき順番とも重なるはずです。

もし、あなた自身が幸せではないと感じているなら、あなた自身をまず大切にして幸せを感じることができるようこの順番を意識しましょう。まずはここからです。

そして、あなたの地域に貢献しようと思うなら、その前にあなたの身内の幸せを大切にしましょう。あなたが身内をないがしろにして、地域貢献に着手しようとするならば、いずれそのしわ寄せがあなたに跳ね返ってくるでしょう。そして、この順番を間違えるとあなたの応援団は、あなたの目標を応援しづらいと感じてしまうのです。

一つ目の基本法則を整理すると、

・自分を大切にできていない人は、身内を大切にはできない
・身内を大切にできていない人は、友人・知人を大切にできない

・友人・知人を大切にできていない人は、地域を大切にはできない
・地域を大切にできていない人は、日本を大切にはできない
・日本を大切にできていない人は、人類・地球を大切にはできない

自己分析術では、この法則をしっかり理解し、まず、あなた自身やあなたの大切な人を大切にします。ですから、いきなり国や人類の責任を負うような目標設定をする必要はありません。

二つ目は、あなたの社会貢献目標は自由であり、あなたがワクワクするものであるべきということです。ワクワクする目標設定ができない人は、自分の中に無理や嘘がある証（あかし）でもあります。

二つ目の基本法則を整理すると、
・第三者からの評価を意識した目標は、自分を大切にできていない。
よくある「社会貢献」の課題としては、「ボランティアでは、どんなに立派な社会貢献でも続けることは限界がある。」ということです。

次章では、この課題をどのように解決し、継続的に活動できるのかについて、ご紹介します。

第四章のまとめ

・自己分析術における目標設定は、自己実現のための設計図である。そしてそれは、自分の生きざまそのものを示すものである。
・あなたの目標設定は、他人のために行うものではない。あなたのために行うものである。
・あなたを幸せな状態にするための「状態目標」は、あなた次第ですぐにできる。
・あなたの願望を成し遂げるための「達成目標」は、中期的な視点で取り組むことがよい。
・あなたを成功に導くための「社会貢献目標」は、マーケティングのテクニカルなコピーライトではない。
・あなたの目標は自由であり、あなたがワクワクするものであるべきである。そうでない場合には、よくある間違いの法則がある。

第五章　自分軸と目標設定のつながりを整理しよう

自分軸だけでも、目標設定だけでも不十分

自己実現のためには、独自の〝タネ〟も〝仕掛け〟もある

前章までで、ミッション、理念、強み、状態目標、達成目標、そして社会貢献目標については洗い出しました。しかし、自己実現に向けた準備としては、まだまだ不完全な状態と言えます。

この章では、あなたのミッション、理念、強み、状態目標、達成目標、社会貢献目標を完成させましょう。そのために3つの検証作業をしてみてください。（図．自分軸のフレームワークの検証）

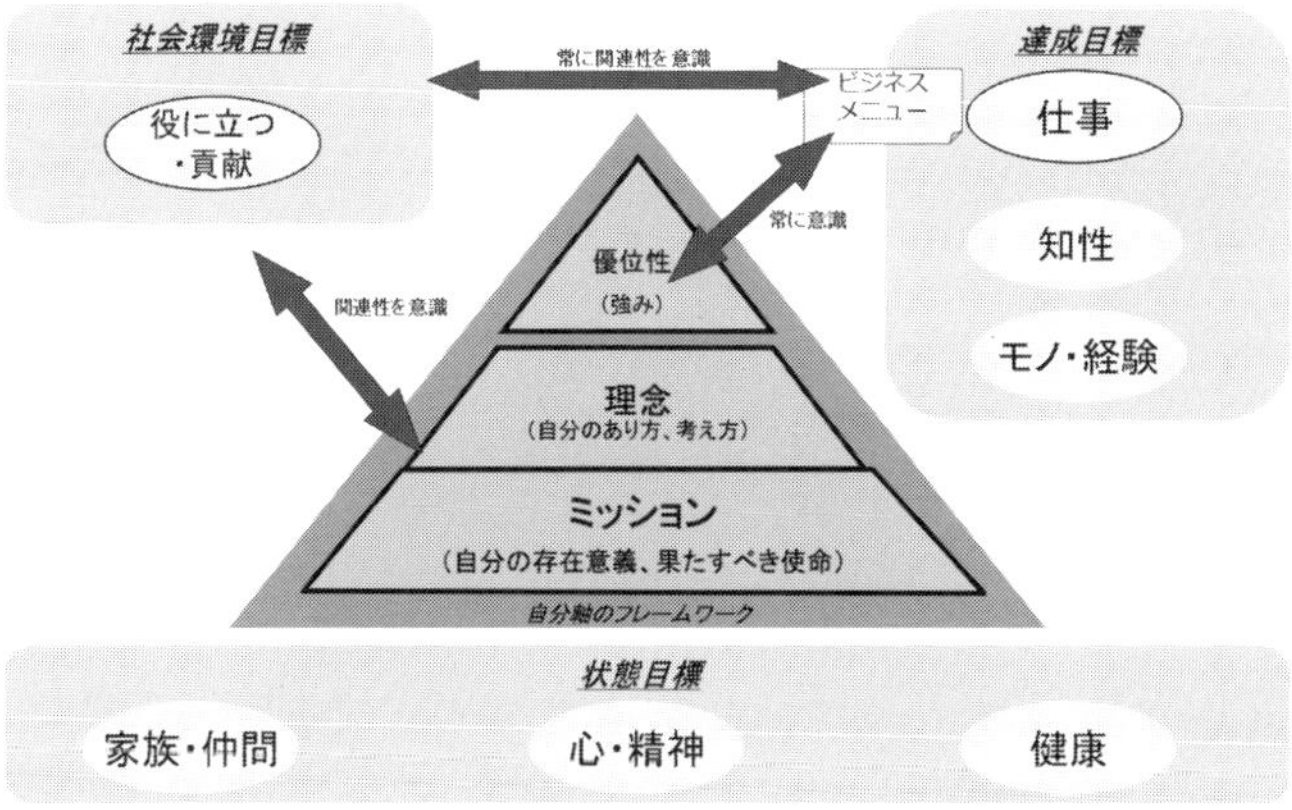

図．自分軸のフレームワークの検証

検証1：「ミッション（存在意義）」「理念（あり方・考え方）」と「社会貢献目標」のつながり

あなたの「ミッション（存在意義）」、「理念（あり方・考え方）」と「社会貢献目標」のつながり、についてです。前述したように、この3つの関連は、あなた自身の核となるものです。そのためにやっていただきたいことがあります。それは、次のような1分間自己紹介トークのシナリオを作成することです。

私は、（理念）のような人間です。（ミッション）をやり遂げたいと思っています。そのために、いま、（社会貢献目標）をやろうと思っています。ぜひ、ご協力お願いします。

このようなシナリオのフレームワークに、あなた自身を当てはめてみてください。

前章でもご紹介した自己分析術の受講生であり、私の旧知の友人を例に挙げると、以下のようになりました。ぜひ、「ミッション」、「理念」、「社会貢献目標」の繋がりを検証するために参考にしてみてください。

私は、人から感謝され、笑顔で過ごすことをモットーとして生きています。私は10年前に脳梗塞を発症し、全失語症、半身不随になり、医師も驚く奇跡の回復を経験することができました。そのことから、いま私は生かされていると強く感じます。

この経験を通じ、私は人生の大切なことを伝えていきたいと思っています。特に、将来の可能性や挫折への対応について、熱く伝えていきたいと思っています。そこで、私ができることとして、障がい者、及びその家族の方々が明るく笑顔になれるように、「障がい者の視点で介護とリハビリの両面から必要なことを伝える」、「今まで築いてきたものを失い、再び立ち上がるための精神サポート」という、大病を経験したわたしだからこそ伝わるであろうテーマに向き合っていきたいと思っています。

この1年間で、講演会やセミナーを通じて、300名の方にわたしの経験と現状について知っていただき、10組の障がい者、及びその家族の方々をサポートしたいと思っています。ぜひ、私に興味を持っていただき、私を必要としている方をご紹介いただければうれしいです。

彼の理念は、「人から感謝され、笑顔で過ごすこと」です。

彼のミッションは、「自分の経験を通じて、人生の大切なことを伝える。～将来について、挫折への対応について～」です。

そして彼の社会貢献目標は、

【ターゲット】

障がい者（特に失語症、半身不随）、及びその家族

【貢献内容】

① 障がい者の視点から介護とリハビリで必要なことを伝える。

② 今まで築いてきたものを失い、再び立ち上がるための精神をサポートする。

期日と数値目標については、3年間で、1000名の方に自分の経験、現状、目標を知ってもらう。そして、30組の障がい者、及び介護されているご家族の方を深くサポートすることで、笑顔になってもらいたい。

このように、あなたも箇条書きではなく、口語で実際に挨拶するように1分間程度の自己紹介トークを作成してみてください。

こうした整理は、自分をアピールするような状況、たとえば選挙に出馬する、交流会など多くの人の前で自分を印象付ける、あるいは営業先で1分間の印象深い自己紹介をする。など、ここぞ！　というときに、あなたの応援団を見つけやすくなります。

特に自分を応援してもらいたいシーンでは、最強の自己紹介ツールにもなります。ぜひ、1分間自己紹介トークのシナリオを作成してみてください。

検証2：「社会貢献目標」と「達成目標（仕事）」のつながり

あなたの「社会貢献目標」と「達成目標（仕事）」のつながり、についてです。

社会貢献を自己犠牲のような形でボランティアとしてやり続けることは、私を含めほとんどの方はきわめて困難だと思っています。すでにあり余るだけの経済力があり、自由な時間がたくさんあり、一声かければ応援してくれる人がたくさんいるような人であれば可能でしょう。でもそうでない人でも、社会貢献は可能だと筆者は考えています。

こうした考えに立てば、あなたの「達成目標（仕事）」と「社会貢献目標」の両者がつながり、あなたの社会貢献活動は持続可能となるでしょう。

あなたの達成目標（仕事）には、社会貢献目標につながるテーマが入っているでしょうか？

もし、いま、入っていないのであれば、いま一度、見直すべきです。あなたが情熱をもって取り組むべき真の仕事が抜け落ちている、という結論になるからです。

そのためにやっていただきたいことがあります。それは、社会貢献目標を満たすべきビジネスメニューを考えることです。そのメニューをあなた自身で書き起こしてみてください。

あなたの強みと、めざす社会貢献目標の組み合わせから生まれるビジネスメニュー、それはもちろん人によって様々ですが、たとえば病から回復した友人の場合なら、自分の経験を多くの人に知ってもらい相談に応えたい、という社会貢献目標になります。彼はもともと話すのは得意でしたから、そうした経験と強みが、講演やカウンセリングといったビジネスメニューに結実していったわけです。またこれまでの受講者の中には、地方に埋もれた名産品を全国に普及させるというミッションを設定し、そのため全国でイベントや特売会を開催する、というビジネスを始めた方もいました。

これらの場合、そのビジネスメニューは本業として優先的に取り組むのか？　副業として緩やかに取り組むのか？　または複業として本業同様の優先度で取り組むのか？　それはあなたの状況によります。あなたに合わせたビジネスメニューを作成してみてください。重要なことは、あなたの「社会貢献目標」が「ビジネスメニュー」を通じて、「達成目標(仕事)」の一部になっているか？　ということです。

余談になりますが、かつて私は渋沢栄一、鮎川義介に伝わる「帝王學」に触れる機会がありました。語弊を恐れずに言うと、私は「ＳＤＧｓのコンセプトは、本質的に多くの日本企業は企業理念の中に既に兼ね備えている」と思っています。

欧米主導のＳＤＧｓのコンセプトは、日本の道徳を日常としている日本人、日本企業には、「何を今さら」感があるのです。聖徳太子の時代から伝わる日本の道徳には、社会貢献をするための事業が基本となっているのです。もともと、単なる金儲けだけを目的とするような企業理念ではないのです。

近江商人で有名な「三方よし」もその表れです。だからこそ、日本企業は、経営者が変わったとしても、企業理念を引き継ぐことで、長い間、事業が継続させることが可能なのです。

２０２２年の日経ＢＰの調べですが、日本の企業は、世界では異例なほど長く続く企業が多いのです。（図：国別創業１００年、２００年以上の企業数と比率）

創業１００年以上の企業数と比率では、日本は圧倒的に第１位（３７０８５社、50・1％）です。創業２００年以上の企業数と比率では、日本の実績は、さらに顕著になります。１３８８社、65・25％で圧倒的に第１位です。

ちなみに、世界で事業を長期間継続している企業は、１位から６位までは、日本企業です。トップ10までの７社が日本企業です。これが事実なのです。（図：世界で事業を長期継続している企業のランキング）

欧米からの経営手法を学ぶことも悪くはないことで

創業100年以上の企業数と比率

順位	国名	企業数	比率
1	日本	37,085	50.1%
2	米国	21,822	29.5%
3	ドイツ	5,290	7.1%
4	英国	1,984	2.7%
5	イタリア	1,182	1.6%
6	オーストリア	649	0.9%
7	カナダ	594	0.8%
8	フィンランド	474	0.6%
9	オランダ	467	0.6%
10	オーストラリア	425	0.6%

創業200年以上の企業数と比率

順位	国名	企業数	比率
1	日本	1388	62.5%
2	米国	265	12.4%
3	ドイツ	223	10.5%
4	英国	81	3.8%
5	ロシア	38	1.8%
6	オーストリア	34	1.6%
7	オランダ	17	0.8%
8	ポーランド	16	0.8%
9	イタリア	14	0.7%
10	フランス	11	0.5%

図．国別創業１００年、２００年以上の企業数と比率

す。私もしっかり習得しています。しかし、いま一度、日本に伝わる素晴らしい伝統的な経営手法を学び、取り入れることで、あなたのビジネスの深み、厚みが違ってくると思います。

日本に従来伝わる経営哲学は、社会貢献がしっかりと根底にあるのです。ぜひ、あなたもビジネスを通じて、あなたの社会貢献を持続してください。

検証3：「達成目標（仕事）」と「強み」のつながり

あなたの「達成目標（仕事）」と「強み」のつながり、についてです。

もちろん、ビジネスを通じて、差別化やポジショニングを行う場合に、あなたは「強み」を最大の武器にすべきです。本業、複業、副業のすべてのビジネスで共通して言えることです。

順位	企業名	国名	創業開始年
1	金剛組	日本	578年
2	池坊華道会	日本	587年
3	慶雲館	日本	705年
4	千年の湯古まん	日本	717年
5	法師旅館	日本	718年
6	源田紙業	日本	771年
7	シュティフツケラー・ザンクト・ペーター	オーストリア	803年
8	パリ造幣局	フランス	864年
9	田中伊雅仏具店	日本	885年
10	王立造幣局	イギリス	886年

図：世界で事業を長期継続している企業のランキング

ここでは、私の思いも込めて、特にあなたの「社会貢献」を行うための新規ビジネスメニューと「強み」について特記したいと思います。

そのためにやっていただきたいことがあります。まずは、あなたの「ビジネスメニュー」のどこにあなたの「強み」を使って、成果を出していくのか？　それを書き出してください。そしてその「強み」を活かすポイントを、アピールしてみてください。

あなたが謙遜の美学を尊重する日本人であれば、躊躇するかもしれません。あなたの「強み」に自信が持てなくて、アピールできないかもしれません。

そこで、あなたの「強み」について、少しお話しさせていただきます。

あなたはもしかして、「自分よりもっとすごい人を知っている。だから、自分の〝強み〟としてアピールするのは恥ずかしい」と感じているのかもしれません。

もっともな感情だと思います。その「強み」を活かした環境で仕事をして、ある程度の結果を出している人なら特にそう感じるでしょう。しかし、その環境や仕事とは関係のない人たちにとって、あなたの「強み」はすごく貴重であることに気づくべきです。

分析することを専門としている会社で、例えばあなたがデータ傾向の特異性を見抜く力を有していても、あなたの周りにはあなた以上にその「強み」に優れている人がいるかもしれません。あなたはNO1ではないかもしれません。

しかし、その環境を一歩抜け出した時には、他の業種では、あなたの「強み」はきわめて高く評価され、とてつもない市場価値を生み出す可能性があるということに気づいてください。

それでも、あなたの「強み」について、まだ完璧ではないと感じている人がいるかもしれません。検証1でもご紹介した、自己分析術の受講生でもある私の旧知の友人もそうでした。

彼は、大病から医師も驚くような奇跡の復活を成し遂げ、社会生活をしています。その彼も最初は「まだ、自分のリハビリは完了していない。まだ、病気前の状態に戻っているわけではない」と言って、彼の強みである優れた洞察力に基づくリハビリ経験をアピールすることを躊躇していました。しかし、それは違います。

ちなみに、失語症になり、講演会をしている方がいることは私でも知っています。しかし、彼のように全失語症と診断され、講演会をするまで回復した人は聞いたことがありません。しかし彼の意識は「まだ、病気前の状態に戻っているわけではない」なのです。しかし彼の経験やアドバイスを必要としている人はたくさんいる、と私は思っています。

彼の社会貢献目標を再掲すると、

【ターゲット】

障がい者（特に失語症、半身不随）、及びその家族

【貢献内容】

① 障がい者の視点から介護とリハビリで必要なことを伝える

② 今まで築いてきたものを失い、再び立ち上がるための精神をサポートする

期日と数値目標については、3年間で1000名の方に自分の経験、現状、目標を知ってもらう。そして30組の障がい者、及び介護されているご家族の方を深くサポートすることで、笑顔になってもらいたい

でした。もしここで彼が仮に「完璧に大病前の状態に戻った」場合と、あるいは「奇跡の

復活をしているが、まだリハビリを頑張っている」場合の2つの状態を選べるとしたら、ではどちらが社会貢献目標を遂行することができるでしょうか？

すぐにおわかりいただけると思いますが、どちらも彼の社会貢献目標を妨げる要素はないのです。むしろ、一緒に頑張ろうという姿が、他の人に元気と勇気を与えることでしょう。

何が言いたいかというと、一番にならないと「強み」として発信してはいけない、完璧な状態でないと「強み」として説得力がない、というのは大きな誤解ということなのです。

あなたも多かれ少なかれ、「強み」を過小評価しているかもしれません。自信をもって、あなたの「強み」をアピールしてください。そして、ビジネスメニューでの差別化にしてください。私も友人の活動を応援しています。ぜひ、みなさんも彼を応援してあげてください。（図．猪狩失語症研究所ＱＲコード）

猪狩失語症研究所
https://aphasia-labo.com/

図．猪狩失語症研究所ＱＲコード

検証の終了条件

「ミッション」「理念」「強み」「状態目標」「達成目標」「社会貢献目標」そして、その関連性について、検証し、あなたの自分軸のフレームワークが完成しました。

自己分析術では、「ミッション（存在意義）」「理念（あり方・考え方）」に基づく、情熱の途切れない「社会貢献目標」を大切にします。

また、「社会貢献目標」は、持続可能な状態であるべきであり、決してボランティアである必要はありません。このため「社会貢献目標」は、「達成目標（仕事）」の不可欠な一部であることを推奨します。

そして、「達成目標（仕事）」にするためには、「ビジネスメニュー」が明確になっていないと、あなたにお願いしたくてもオーダーできないため、誰もハッピーにはなれません。

それだけに「ビジネスメニュー」は、必要不可欠な存在なのです。そして、その「ビジネスメニュー」には、あなたの「強み」が反映され、差別化されたサービス、品質になっていれば完璧です。

この一連の関連性が検証できたら、あなたの「自分軸のフレームワーク」は完成となります。

次章では、3つのワークスタイルについて、整理していきましょう。

あなたの「3つのワークスタイルのフレームワーク」については、あなたの「自分軸のフレームワーク」が完成していることが前提となります。

第五章のまとめ

・箇条書きではなく、口語で実際に挨拶するように「ミッション」「理念」「社会貢献目標」をもとに作成した1分間程度の自己紹介トークは、いろんなシーンで活用できる。
・社会貢献はボランティアでなくてよい。ビジネスにして持続にすることの方が何倍も社会に貢献できる。
・一番にならないと「強み」として発信してはいけない。完璧な状態でないと「強み」として説得力がない。というのは大きな誤解である。

第六章

3つのワークについてさらに考える
自己分析術は個別の結果リポートで完結する

予想外に好評だった個別セッション

この「3つのワークスタイル」のフレームワークについては、実は自己分析術の開発当初は、分析結果レポートの基本構成に入っていませんでした。

自己分析術は、数多くのモニターとなる受講者の方々からのフィードバックを参考にしながら改善・改良しています。第二章でご紹介した「3つのワークスタイル」では、自己分析術の分析結果レポートをお渡しする際に、個別セッションを実施してその内容を受講者へフィードバックしていました。ところが、想定外にもこの個別セッションがあまりにも受講生から好評で、自己分析術の分析結果レポートに含めてほしいという要望が殺到したため、正式に取り入れたという経緯がありました。

そして、自己分析術の分析結果レポートに3つのワークスタイルを正式に組み込んだ時点で、自己分析術のサブタイトルが「国や企業に依存しない3つの収入源を持て！」になったのです。（図：3つのワークスタイルの全体像）

あなたにとって、ワーク（仕事）に関わる時間は、人生の中で、最も長いと言っても過言ではありません。その最も長い時間を費やすことになるワーク（仕事）を通じて、あなたの可能性を最大限に引き出していきたいと思っています。それが自己分析術の目標です。

自己分析術が目標とするイメージは、「好きなことを仕事にする」や「楽しいことを仕事にする」ではありません。「ミッションにしたがって、なりたい自分にたどり着くための仕事を見つける」と言ったイメージになります。

さらに、あなたのミッションのキークエスチョンが「だれがどのようになってくれると自分事のようにうれしくなるか？」なので、それはあなたの喜び

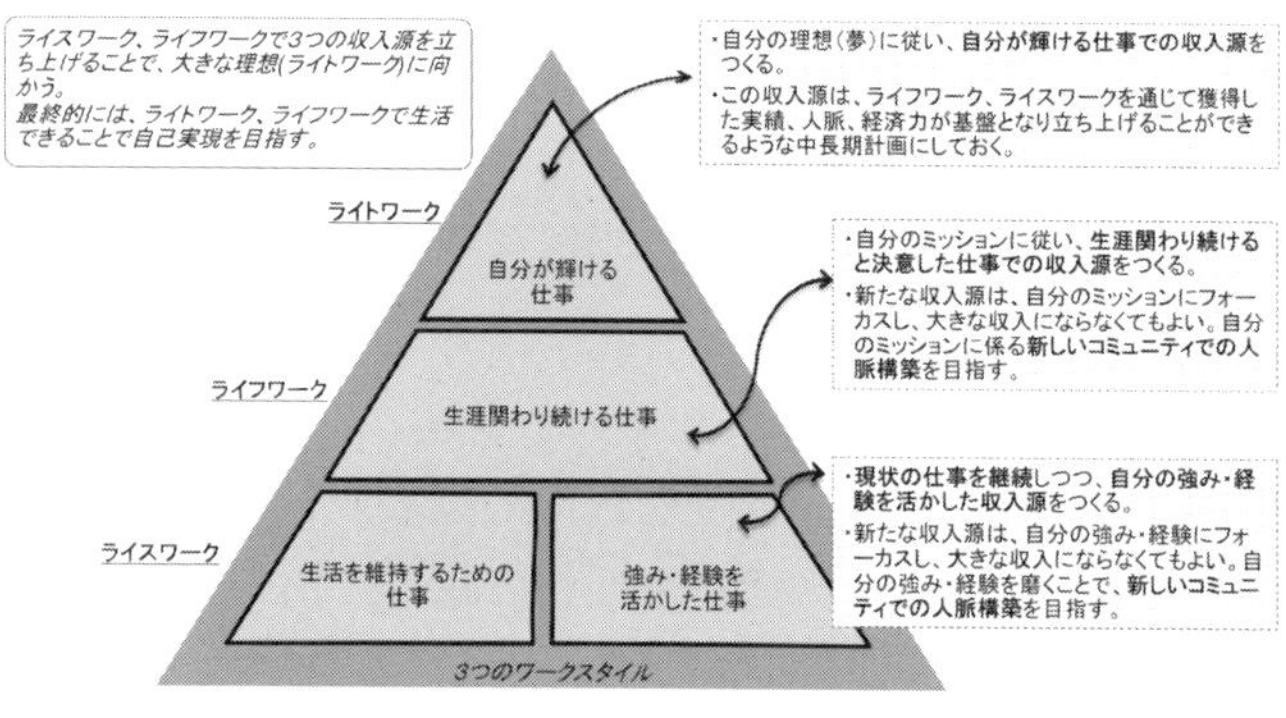
ライスワーク、ライフワークで3つの収入源を立ち上げることで、大きな理想(ライトワーク)に向かう。
最終的には、ライトワーク、ライフワークで生活できることで自己実現を目指す。
・自分の理想（夢）に従い、自分が輝ける仕事での収入源をつくる。
・この収入源は、ライフワーク、ライスワークを通じて獲得した実績、人脈、経済力が基盤となり立ち上げることができるような中長期計画にしておく。
ライトワーク
自分が輝ける仕事
・自分のミッションに従い、生涯関わり続けると決意した仕事での収入源をつくる。
・新たな収入源は、自分のミッションにフォーカスし、大きな収入にならなくてもよい。自分のミッションに係る新しいコミュニティでの人脈構築を目指す。
ライフワーク
生涯関わり続ける仕事
・現状の仕事を継続しつつ、自分の強み・経験を活かした収入源をつくる。
・新たな収入源は、自分の強み・経験にフォーカスし、大きな収入にならなくてもよい。自分の強み・経験を磨くことで、新しいコミュニティでの人脈構築を目指す。
ライスワーク
生活を維持するための仕事
強み・経験を活かした仕事
3つのワークスタイル
図．3つのワークスタイルの全体像

にも繋がっています。

このため、前章までで行ってきた「自分軸のフレームワーク」は非常に重要であり、その結果をベースに「3つのワークスタイルのフレームワーク」を完成させることになります。

めざすべき「ライトワーク」は百人百様

では、「3つのワークスタイル」について、述べていきましょう。

第2章でも述べましたが、「3つのワークスタイル」には、「ライスワーク」「ライフワーク」「ライトワーク」があります。

改めて、定義を確認します。

「ライスワーク」は、〝食べるための仕事〟であり、「生活を維持することを目的とした仕事」です。

「ライフワーク」は、〝生涯を通じて取り組むべき仕事〟であり、「人生をかける仕事」です。

「ライトワーク」は、〝自分が輝くための仕事〟であり、「人生の目的となる仕事」です。

「あなたのなりたい自分」を実現するためのワーク（仕事）は、〝自分が輝くための仕事〟

であり、「人生の目的となる仕事」である「ライトワーク」になります。つまり、「ライトワーク」で生計を立てられるようになることが、あなたのなりたい自分になるために目指すべきゴールの一つになるのです。

そのゴールに向かうために、あなたは、「ライスワーク」と「ライフワーク」という階段を登るのです。「ライスワーク」と「ライフワーク」であなたはなりたい自分になるための貴重な経験を積み、必要な知識を得るのです。

「ライスワーク」と「ライフワーク」を通じて、あなたは、必要な人脈や経済力（資金力）、そして時間的な自由を手に入れることができます。ただし時間的な自由を得る方法は、人によって異なります。ある人は、自分の労働時間の足りなさを補うために、仕事の自動化、効率化を進めるかもしれません。またある人は、労働市場における自分の対価を上げることで、働く時間や場所までも自由にできる環境を実現するかもしれません。

本書をお読みいただいている読者の方々の中にも、「ここまで実現できれば、満足なんだけどなあ」と思っている方もいるでしょう。実際、世の中にあふれているノウハウ情報は、自分だけの経済的な豊かさを目指しているものがほとんどだと筆者は感じています。それでも、その収入規模次第では、第三者からあなたは「成功者」と呼ばれることになるかもしれません。

しかし、自己分析術では、その先の「ライトワーク」を目指していただきたいと思っています。なぜなら、それがあなたの存在意義であるミッションを実現することになるからです。あなたの「なれる自分」ではなく、「なりたい自分」になることを自己分析術は目指しているからです。

自己分析術では、経済的な豊かさも重要ですが、それ以上にあなたのミッション（存在意義）を大切にし、あなたの「なりたい自分になる」ことを目標としているのです。

これが、自己分析術における「3つのワークスタイル」の基本的な考え方であり、アプローチになります。

この「3つのワークスタイル」のシナリオは、100人いれば、100通りのシナリオがあります。そして、誰一人として同じシナリオの方はいません。

筆者の自己分析術の分析結果レポート作成における経験では、ライスワークやライフワークは、ライトワークにたどり着くために必要な要因を満たすために、最低3つのビジネスに係るようになるシナリオが極めて多いのです。

あなたの強みを活かした新しいライスワークを構築

ライスワークとは、簡単に言ってしまえば、食べるための仕事のことです。

自己分析術を受講した多くの方々は、一つのライスワークだけで生計を立てていました。

あなたはいかがでしょうか？　一般的にライスワークは、「生活を維持するための仕事」であるので、「スキルや経験を活かした仕事」であることが多かったりします。

ここでは、ぜひ現状の仕事を継続しつつ、あなたの強み・経験を活かしたもう一つの収入源をつくってみましょう。

この新たな収入源は、あなたの強み・経験にフォーカスし、大きな収入を目指すのではなく、あなたの強み・経験を磨くことを目的として、新しいコミュニティでの人脈構築を目指してみましょう。

ここで、重要なことは、小さな収入でもいいので、あなたの強みを活かした収入源をつくることにより、あなたの中にプロ意識を持たせることです。そして、数をこなすことで、あなたには自信が生まれ、プロとしての責任感が芽生えます。今の仕事に加え、「人脈構築」、「強みを活かした収入源」を目的としたライスワークを作ってみましょう。

ここで、早速、よくある壁に当たる方が多いのです。それは、「あなたの時間の確保」です。大きな課題に感じるかもしれませんが、避けて通れない重要な要素でもあります。しかし、今のあなたには、第五章の検証1で作成した「1分間自己紹介トークのシナリオ」があります。それはすでに、あなたの応援団をつくれる準備ができているということなのです。

あなたの「ミッション（存在意義）」「理念（あり方・考え方）」に紐づいた「社会貢献目標」によって、あなたを応援してくれる人が現れてきます。もう、一人だけでやる状況から脱することができる準備は、整っているのです。

そして、時流も後押ししてくれています。近年では、当たり前のように副業が容認され、残業や休日出勤についても、20年前とは比較にならないくらい法律で保護されています。昔とは比較にならないくらい時間を確保しやすい時代になっています。

さらに、多様性のある働き方が浸透してきています。たとえ個人事業であっても、クラウド上でリソースを確保することができるため、業務をアウトソースすることが容易にできるようになっています。さらに効率よく時間を確保できるビジネス環境を、誰もが容易に手に入れることができる時代なのです。

生涯かけて取り組むライフワーク

ライフワークとは簡単に言ってしまえば、定年退職がない、生涯関わり続けることのできる仕事のことです。自分のミッションに従い、生涯関わり続けると決意した仕事での収入源をつくれるのです。

ここで注目したいのは、あなたのミッションに従う「社会貢献目標」です。どのような人たちに、どのようになってもらいたいのか？　そして、その人たちにあなたは何ができるのか？　それがベースです。

この新たな収入源は、自分の「社会貢献目標」の実現にフォーカスします。当初は大きな収入にはならないかもしれません。でも臆することなく、自分のミッションを発信することで、まだ見ぬあなたの応援団に向けて、あなた自身の口からあなたの想いを発信してください。こうしてでき上がったコミュニティは、あなたの知り合いの幅を越えて、あなたの時間を使うことなく、頼もしくて力強い人脈構築の礎となり、ひいては大きな収入源の入口になるのです。

最も重要なことは、ボランティアにすることで、自己犠牲を伴う苦しい活動にするのではなく、収益性を得ることであなたにとって持続可能な活動にすることです。まずは始めることが大切です。「あなたの応援団」をつくることを目的とし、さらに「強みを活かした収入源」を作ってみましょう。

ここで、前述していますが、「強みを活かした収入源」について、「あなたの強み」は市場でNO1でなくてもいいのです。「あなたの強み」があなたの社会貢献目標を達成するための「ビジネスメニュー」の品質を維持・担保できれば充分なのです。

そして、あなたの強みが発展途上でもいいのです。気負わないでください。現在、すでに完璧な状態である必要は全くありませんし、誰もそんなことを求めてはいないのです。

新たなライスワーク、ライフワークについて、3つの共通点があります。

(1)「1分間自己紹介トークのシナリオ」をより多くの方に知ってもらう機会を得ること

(2) ライトワークに向けた不足要因を補うための「人脈、応援団」「経済力（資金力）」の基盤を作ること

(3) あなたの活動時間を捻出し、新しいあなたのビジネス創出の工夫をすること

(1)と(2)は、自己分析術の「自分軸のフレームワーク」を整理していることで解決できます。(3)については、知っているビジネスモデルを応用できるかという知識の問題になってくる場合があります。

(3)についてのアドバイスは、筆者の専門分野でもあるので、お困りの際には、お力になれることが多いと思います。

ライトワークは中長期の目標

ライトワークとは、前述しましたが、簡単に言ってしまえばあなたが輝くことのできる

仕事です。あなたが「なりたい自分」になるために実現すべき仕事、であるとも言えます。あなたの理想に従い、あなたが輝ける仕事での収入源をつくるのです。それは紛れもなく、多くの人から望まれる、生涯現役で活躍できるワークになるのです。

いきなりライトワークに携われる人は、残念ながら自己分析術の受講生では一人もいませんでした。というよりも、いきなりライトワークに携われるような人ならば、自己分析術を必要としていない人であるとも言えるでしょう。

もし、あなたが現状に満足できていないにもかかわらず、いきなりライトワークに携われるような分析結果が出ているのであれば、自己分析術のアウトプットがどこかで間違っているかもしれません。

基本的には、ライトワークに挑むためには、ライスワークとライフワークであなたは知識や経験を積み、人脈を広げ、資金力の基盤を得ておく必要があります。しかも、その基盤は、あなたの「ミッション」「社会貢献目標」「強み」に基づいた複数の持続可能な収入源で構築されているはずです。

したがって、ライトワークを実現するのは、一般的に短期ではなく中長期の計画となります。

参考までに、自己分析術の受講生の分析結果では、ライトワークには教育関連のワーク（仕事）が多い傾向にあります。教育と言ってもその教育分野の幅は広いですが、学校教育とは異なる分野が多いようです。後世に自分の生きた証として、最終目標に自身の経験や哲学を基にした人材育成を置くこと方が多いようです。

経済的な豊かさ、元気な健康状態、多くの自由な時間が手に入り、そして多くの応援団を得た状況になった場合には、人間の本能として、後世に自分の生きた証を後継者育成という形で残したいのかもしれないと私は感じています。

3つのワークスタイルを整理する上でのよくある誤解

自己分析術のフレームワークに沿ってあなたのワークを整理していくと、「できない理由」、「やらない理由」、「やめる理由」が見つからなくなります。

ここで、改めて、筆者が補足してお伝えたいことがあります。

1. 強みを活かした自分のビジネスを立ち上げることは難しくありません。難しいという固定観念を捨てましょう。

・いきなり専業で始める必要はないのです。むしろ、兼業からスタートするべきです。

・複数のワークを持ち、複数の収入源を持っている人はたくさんいます。あなたの周りにそのようなワークスタイルを送っている方がいないから知らないだけかもしれません。

・雇用されない選択肢も持つことです。雇用される選択肢だけでは、あなたの可能性を狭めてしまいます。グレートリセットの時代への対応には適していません。

・あなたの強みを必要としている人が必ずいます。その人はお金を払ってでもあなたの強みに価値を感じることでしょう。

2. 自己分析術の分析結果レポートでは、全受講者に3つ以上の収入源を具体的に提案しています。そして、不可能なシナリオだと言われたことは一度もありません。できないという要因を見つけることができないからです。大丈夫です。

・いま、あなたが、何かアクションを起こしたいと思っているタイミングであれば、きっと価値ある分析結果が得られるでしょう。そして、すぐにアクションできるでしょう。
・もう一度繰り返します。あなたの周りには、そのようなワークスタイルの方がいないかもしれません。しかし世の中には、雇用されない自由なワークスタイルを築いている方もたくさんいるのです。

自己分析術があなたにとって、これからの時代に、「あなたらしい生き方」ができるための気づきになり、一助になることを期待しています。

投資ビジネスは自己分析術の目的と手段には適さない

この章の最後に、よくある質問について、述べておきたいと思います。

ひとつは「投資」に関して、です。自己分析術の分析結果レポートのなかで、一定の投資収入を得てはいても、ほとんどの方は3つのワークスタイルの中に「投資」を積極的に組み込んでいませんでした。

株式投資、債券投資、不動産投資、先物取引などの「投資」や、最近なら仮想通貨など

「暗号資産取引」について、私はまったく否定するつもりはありません。むしろ、経済の仕組みを学ぶために余剰金があるならやってみるべきだとも思います。ただし、それらのビジネスは自己分析術の目的と手段には適していないことになります。

「まえがき」でもこう前述しています。

『お金は大切です。そして、お金の稼ぎ方、使い方にはその人の人格、品格が大きく表れます。どのようにお金を稼ぎ、そして、どのようにお金を使っているのか？　ここにその人の生き様が現れると私は強く感じています。

私は、本書を通じて、一人でも多くの方に、自分らしくお金を稼ぎ、自分らしくお金を使うことで、豊かな人生を歩んでもらいたいと願っています』

賢明な読者はお分かりかと思いますが、受講生全員の「ミッション」や「社会貢献目標」に必要なワークスタイルが「投資」ではなかっただけなのです。

そして、もう一つ理由があります。

自己分析術では、サブタイトルを「国や企業に依存しない3つの収入源を持て！」としています。

「第一章」でも、こう指摘させていただきました。

『グレートリセットとは、いまの社会全体を構成するさまざまなシステムを、いったんリセットすることを示します。いま、私たちが生活する世界は、さまざまな金融システム、社会経済システムのもとに動いています。

そして、現代社会が抱える多くのひずみや問題を解決するために、それまで当たり前であったシステムを白紙に戻し、新しい仕組みを一から作り出すことこそがグレートリセットなのです。つまり、経済や社会のシステムが大きく変化することを指します』

株式投資、債券投資、不動産投資、先物取引、そして暗号資産取引は、完全に金融システム、社会経済システムのもとに動いているものであり、あなたがコントロールできるものではありません。

コントロールできないものに依存するのではなく、さらに言ってしまえば、仮に縄文時代のようなテクノロジー環境が一切なくなったとしても、そこでもあなたの存在が必要とされ、あなたの強み・能力が活用されることで、一からあなたの経済基盤がつくられ、あなたにかかわる方々のお役に立てるようなワークスタイルを目指しているのです。

語弊を恐れずに言うならば、「個人の強み・能力を引き出すための自己分析術 ~国や企業に依存しない3つの収入源を持て~」とは、仮に私たちが生活する世界のさまざまな金融システム、社会経済システムがリセットされたとしても、あなたの「なりたい自分」を目指すことのできる道標になるものなのです。

第六章のまとめ

・自己分析術では、「好きなことを仕事にする」や「楽しいことを仕事にする」イメージではない。「ミッションにしたがって、なりたい自分にたどり着くための仕事」というイメージになる。

・「あなたのなりたい自分」を実現するためのワーク（仕事）は、「自分が輝くための仕事」であり、「人生の目的となる仕事」である「ライトワーク」になる。つまり、「ライトワーク」で生計を立てられるようになることが、あなたのなりたい自分になるために目指すべきゴールの一つになる。

・自己分析術のフレームワークに沿ってあなたのワークを整理していくと、「できない理由」「やらない理由」「やめる理由」が見つからなくなる。

・強みを活かした自分のビジネスを立ち上げることは難しくはない。難しいという固定観念を捨てよう。

・複数のワークを持ち、複数の収入源を持っている人はたくさんいる。あなたの周りにそのようなワークスタイルを送っている方がいないからといって、現実的でないと決めつけない。

・自己分析術がもたらす成果は、私たちが生活する世界のさまざまな金融システム、社会経済システムがリセットされたとしても、あなたの「なりたい自分」を目指すことのできる道標になる。

あとがき

筆者は、２０１１年に「個人の強み・能力を引き出すための自己分析術」を開発し、数多くの方を対象とした自己分析結果レポートを作成してきました。

その過程で、この自己分析術を実施するインストラクターを育成することで、より多くの方のお役に立つことができるのではないだろうか？　という思いから、いくつかテストをしてみたことがあります。

その結果は、「可能である。ただし、一部条件がある」という結論でした。

というのは、この自己分析術を実施するにあたって、筆者は自身の「強み」を自然に取り入れてしまっている箇所があり、他のインストラクター（実施者）では品質にぶれが生じている場合があったからです。

その箇所とは、以下の２点となります。

1．ビジネスに活用できるレベルまで深堀をした「強み」の発見ができるか

実施者によっては、どうしても具体的に強みを落とし込めないケースが多々ありました。前述していますが、「協調性がある」、「記憶力がよい」、「交渉力がある」といった抽象的な強みでは、後続の分析に説得力を持たせることができません。

多くのインストラクターは、どのようなビジネスシーンで受講者の強みを武器にできるか、というイメージしにくい表現で留まることが多いのです。つまり、ビジネスでの差別化となる強みまで深堀りできるインストラクターがほとんどいませんでした。

私の場合、「問題・課題」の本質を即時に見抜けるという強みがあります。さらにその上で、職業柄、その強みを自然と鍛え上げていたため、インタビューしているだけで、問題や課題を容易に見つけることができるのです。

私の本業であるビジネスコンサルタントという仕事は、問題や課題を整理し、根本原因を指摘することで、対応策を提示するということに一つの価値があるのですが、クライアントから求められるアウトプットであるにもかかわらず、結構嫌われることもあります。切ないことですが。

人はだれしも、欠点を指摘されるより、本能的に長所を褒められたいものです。私は、この「会話しながら問題や課題を見つけることができ、根本原因が把握できる」という強みを応用し、「会話しながら長所や強みを見つけ、その活用方法を提示する」ように視点を変えてみたのです。私にとっては容易なことでした。

しかし自分にとって容易であったことで、逆に一般のインストラクターにとってはテストをしてみないと「強み」を見つけることが非常に難しいことに気づけなかったかもしれません。このため、以降の自己分析術のインストラクター応募には、「強み」を見つけられるかどうかのテストを実施する運びとなりました。そうしたことから、本書では意識して具体的に「強み」の見つけ方の手順を示しています。

2．ライスワーク、ライフワーク、ライトワークの現実的な提案ができるか

インストラクターによっては、どうしても3つのワークを具体的な強みへと落とし込めないケースが見受けられました。これは前述したようにライスワーク、ライフワーク、ライトワークの3つのワークでは、「ミッション」、「社会貢献目標」、「達成目標（仕事）」、

「強み」の関連性を維持しつつ、必要な成功要因である「人脈」、「知識・経験」、「資金力」、「時間」といった制限を考慮したシナリオを提示する必要があるからです。

ここについても、インタビューしている段階で、筆者の中ではいくつかのビジネスモデルが浮かんできています。そしてそのビジネスモデルに関して、いくつかのシナリオの組み合わせや関連づけ、制約条件などをイメージしながら、時間的、段階的な解決方法を提示していきます。

私は、これまで様々な事業規模、業種に関わってきました。例えば、個人の独立・起業支援、ベンチャー企業、中小企業、大企業だけでなく、Fortune500企業（巨大企業）といった幅広い事業規模のクライアントとかかわってきています。

また、製造・流通、金融、情報・通信・エンターテイメント、公共・サービスなど業種も多岐にわたりアドバイスさせていただいています。

つまり私にとっては、どのような事業規模のどのような業種であっても、スムーズに会話することが必須スキルとなります。多くのビジネスモデルの本質を見極めることで、この「強み」を習得することが可能となるのですが、これは自然と身についていた私の「強み」ということができるでしょう。

参考までに、ビジネスモデルは、ヒト、モノ、カネ、情報の全体的な流れを把握し、バリューチェーン（Value Chain）やサプライチェーン（Supply Chain）の流れで、それぞれに必要なイベント、タイミングを確認することで本質を抑えることができます。

私は、インタビューをしながら、同時に受講者に適しているビジネスモデルを模索していきます。このためインタビュー終了時には、受講生のために適切な３つのワークを提案できます。

私にとっては自然なので、個別のインストラクターが受講者に「３つのワーク」を提示するということが一般的にきわめて難しいことに気づけなかったかもしれません。

本書でも述べていますが、あなたの「強み」に、おそらくあなたはまだ気づいていません。このことは、私も同様でしたから確信して言い切れます。そして、「強み」に気づいている今でも、このように意識することなく、自然に使ってしまっているのです。これが「強み」の正体なのです。

本書をさらに有効的に活用していただくための情報提供サイト（https://be-greifen.co.jp/mos/）をご用意させていただいています。こちらは私が提供させていただいている独自メソッドの「倒産しない会社のための自社分析術」、及び「個人の強み・能力を引き出すための自己分析術」についての情報提供サイトです。

各種情報やデータ、及び講演会資料やテンプレート資料のダウンロード含め有意義な情報を掲載しておりますので、ぜひアクセスしてみてください。

また、私による「自己分析術」のサービス提供、勉強会、講演会の依頼についても、当サイトからお問い合わせやお申込み可能となっております。ぜひ、必要に応じてご利用いただけると幸いです。

最後に、ＶＵＣＡの時代、グレートリセットの時代を生き抜くために本質的なことを共有させてください。「幸せ」は他の誰でもなく、あなた自身が感じるものです。そして、他人からの評価である「成功」ではなく、あなたにとって「なりたい自分」になることが大切です。

そのためにも、自己分析術を以下のような心持ち（こころもち）で実施してみませんか。日本人の遺伝子レベルで伝わる道徳でもあります。
私は、「お金の稼ぎ方と使い方には、その人の人格・品格が表れる。」と思っています。どのようにしてお金を稼ぐのか、どのようにお金を使うのか、そこにその人の本質を隠すことはできません。

前述した日本人本来の道徳感があれば、あなたの環境がどんなに変わろうとも心豊かに生き抜くことができるはずです。経済の原点は物々交換です。きっと、自己分析術を実施したあなたは、あなたの存在自体に価値があり、どのような状況になっても「交換できるもの」を豊かに持っていることに気づいたことでしょう。

① じぶんの環境をまず、感謝しよう
② そして、自分自身を大切にしよう（健康状態・精神状態・学びの環境）
③ 人の良いところを見つけて、ほめてあげよう
④ 自分が嬉しかったことは人にもしてあげよう
⑤ 人にとって善いと思ったたことはやってあげよう

本書でも述べましたが、「まずは、自分を大切にする」、そして「自分の身近で大切な人を大切にする」という順番で、少しずつ自分の器を広げていきましょう。

人は弱いものです。恵まれた環境にも拘わらず、うまくいかないことは、他者・他人のせいにしがちです。そうではなく「同じような悪いことが起こるのは、悪い巡りを自分自身が生み出している」ということに気づいて、自分の心と向き合ってみませんか？　そうすれば、あなた自身が大きく変わります。

まずは「普段言っていること」と「心の中の思い」と「実際の行動」が伴っている状態になるでしょう。その結果、自己分析術での「ミッション」に基づく「社会貢献目標」を発信することができます。そのうちあなたの応援団ができ、あなたの「強み」を最大限に活かした「ビジネスメニュー」を提示することで、「達成目標（仕事）」がクリアできるようになるでしょう。

まずはあなたにしかできない方法で、１０００人のお役に立ちませんか？　私もあなたと一緒に歩んでいきたいと思っています。私もあなたとご縁をいただき、あなたの応援団の一人になれることを楽しみにしています。

末筆になりましたが、『個人の強み・能力を引き出すための自己分析術』の開発からこの度の出版に至るまで、関わっていただいたすべての方々に感謝を述べさせていただきます。

2024年5月　川村春彦

MoS 情報提供サイト
https://be-greifen.co.jp/mos/

【著者プロフィール】

川村 春彦（かわむら はるひこ）

1970年生まれ、京都市左京区出身。株式会社Be-Greifen代表取締役、FoS Consulting Group 代表。広島県立大学（経営学部経営情報学科）第一期卒業。University of Wales Trinity Saint DavidにてMBAを取得。また、渋沢栄一、鮎川義介に継承されている『帝王學』（経営哲学）を修了。国内大手SIベンダー（日立ソフトウェアエンジニアリング）にて、多数の基幹業務システムの構築をリード。世界最大級ビジネスコンサルティングファーム（プライスウォーターハウスクーパース）にて、巨大企業の事業戦略や構想策定、各種改革プロジェクトを数多くリード。また、起業準備、個人事業主、中小企業、ベンチャー企業、大企業、巨大企業のあらゆる事業規模、さまざまな業種のクライアントに対し、25年以上のコンサルティング実績のある類稀な経歴を有している。

2011年に独自メソッドとして『倒産しない会社のための自社分析術』『個人の強み・能力を引き出すための自己分析術』を開発し、特定の顧客に対してセミナー、講演、及びコンサルティングサービスを提供している。

独自メソッドについては開発当初より書籍化の要望を顧客から受けていた。しかし、当時は現場志向が強く、書籍化に消極的であったが、昨今の先行き不安定な時代に、この情報を必要としている方々が多くいると確信し、今回の出版に至る。

個人の強み・能力を引き出すための自己分析術

～国や企業に依存しない3つの収入源を持て！～

2024年7月17日　初版第１刷発行

著　者　川村春彦

発行者　谷村勇輔

発行所　ブイツーソリューション

〒466-0848 名古屋市昭和区長戸町4-40

TEL：052-799-7391 / FAX：052-799-7984

発売元　星雲社（共同出版社・流通責任出版社）

〒112-0005 東京都文京区水道1-3-30

TEL：03-3868-3275 / FAX：03-3868-6588

印刷所　藤原印刷

万一、落丁乱丁のある場合は送料当社負担でお取替えいたします。

ブイツーソリューション宛にお送りください。

 ISBN978-4-434-34283-7